京都世界遺產的文化人類學巡檢

風雲京都

京都をゆく

蔡亦竹——著

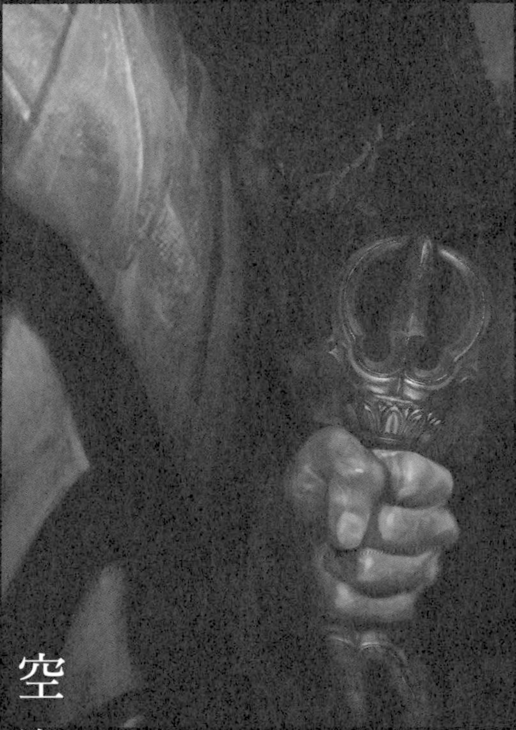

空海　くうかい
最澄　さいちょう

顯如

けんにょ

親鸞

しんらん

後醍醐天皇

ごだいごてんのう

足利 尊氏

あしかが たかうじ

徳川 家康

とくがわ いえやす

豊臣 秀吉

とよとみ ひでよし

目次

【第五章】室町恩仇篇 足利將軍家的華麗一族——177

【第六章】戰國紛亂篇 對極的英雄，燦爛的文化——225

【附錄】日本佛教宗派簡表——272

推薦序

洛地江湖風雲起

知名編劇、作家　吳洛纓

一開始我以為他是流氓，看他在臉書上毫不掩飾的幹譙賭爛時政，讓也來自流氓家庭的我，備感親切。後來漸漸發現他的行文之間有種焦慮，很書生報國的那種憂國憂民。我可以確定我們是在同一片江湖裡，關切同一個國家，最重要的是我們不曾逃避過這個問題：我們可以做些什麼，讓國家社會更好？

接下來幾年他人生的變動很大，從學成歸國到成家教書，同時用一種蔡桑才會的方式，繼續在臉書上「傳道」。他不是在告訴你他知道的，他一直在說的是，我們應該知道的，在此時此刻，在這個國家關鍵的這幾年，年輕繼起者如何好好了解，不管你在哪裡？在做什麼？你都有機會讓自己奮力拚鬥的人生，成為這個國家的一部分。畢竟，集合每一個個體的人生，才能一起嚴實地組構出民主自由、公義平等的社會。

有時也可以讀到在那些難以隱忍不滿而飆髒話的背後，有份炙熱的情感。像有人欺侮了你的至親好友，相罵回去時眼眶都含著眼淚。蔡桑是個漢子，是人中之龍，也是台灣的查埔仔。他找到他的施力點，教學、著述、寫作及繼續直播幹譙，影響更多人。

然後他出了第一本書《表裏日本》，這是他研究所學，而他使用自體內建的文化翻譯系統，爬梳出一個我們始終不願深入面對的日本文化。那是台灣文化脈絡至關重要的一部分，至今猶然深深影響我們的生活。卻被國府教育切碎成淺薄的片段，像肉乾一樣的東西，索然又沒營養。

那可是距離我們將近兩千一百公里的最現代化的亞洲國家，它仍在進步與變動中。它內部的政經局勢會牽動日、中、美、朝的軍事布局，甚至整個環太平洋的和平部署。你還甘於認知這是一個只有AV、動漫、次文化、棒球或電子鍋的好地方，旅遊好便利而且莫名地與台灣好親近？

《風雲京都》行文流暢偶爾夾雜新世代用語的小俏皮，文字從歷史文化、民俗人情娓娓道來，不只讓你複習曾經去過的「場景」，也追一起從描寫江戶時代的時代劇、NHK每年製播的大河劇、屢次出現在日本文學中的「舞台」。這都能讓你重新了解京都之所以是此時此刻的京都，絕對不是天生如此。

京都有野肆殺伐的鮮血淋漓、有悲天憫人的佛教寺院、有階級森然的權力重整，如此，才在死亡與重生中緩緩長出節制的美學。京都並不優雅，京都是個風雲詭譎的江湖，再沒有比流氓生猛的視角更適合書寫。

對了，他還是個流氓教授，真是靠腰了。

自序

古都的面影・王城的風景

其實要從某個自己的親身經歷講起。

十多年前，我媽媽和妹妹到日本來旅遊，在日本留學的我途中參與了旅行團一行的行列。在前往某個觀光地的路上，一如台灣團的慣例，導遊拿起麥克風講話幫大家解悶。雖然我極度不喜歡這樣的慣例，但滔滔不絕的導遊仍然繼續興高采烈地講起日本民族的由來。

各位知道日本人為什麼和服剪裁這麼簡單？為什麼他們喜歡吃生的嗎？因為日本人的起源，就是徐福帶三千童男童女來，他們都是小孩子所以不太會作衣服，所以作出來的就是和服啊。然後也因為都是小孩子所以作菜很笨，所以日本人就都吃生的。

全車哈哈大笑，就我一個人在後方座位白眼翻到繞了頭蓋骨七圈半。

當然，不喜歡這種說法是因為自己學的是文化人類學——雖然正確來說應該是民俗學，但是民俗學和文化人類學最大的差異，多在目標地域或民族的範圍性，民俗學較於專注於某地域的特定族群，而文化人類學多設定其調查範圍為廣域的民族文化論。受到前述那種大中華思想的影響，常常讓台灣人到日本旅遊，只停留於站在漂亮的景點前拍照，然後再一伙人講一堆難笑的笑話之後，就入寶山而空手回地離開日本了。

日本不只這樣而已。

在空間和建築的運用上，日本人就和我們截然不同，尤其是對於庭園的特殊眷戀。第一位日本人諾貝爾獎得主湯川秀樹曾經說過：「如果就庭園來講，日本應該是世界第一吧」。在日本，有很多台灣人覺得有趣的是不管多小的建地，日本人通常不會把它「建好建滿」，而會留下一部分作為庭院的面積，裡面種植一些或多或少的植物。然後再把其他蓋房子的空間作最有效的應用；甚至有效應用到讓台灣人覺得莫名其妙，幹嘛連床都不放還要用鋪棉被的然後每天起床才在那邊收到要假死。

這是日本人對於人與空間、以及與自然的堅持，這早已化成他們血液裡的一部分。

在稍微鄉下一點的地方，更是不難發現就算是現在，日本對於鋪瓦屋頂的日本式家屋仍然有一種強烈的眷戀。這跟對於庭院的堅持一樣，是從華嚴宗明惠上人時代開始就有的精神傳統，甚至被稱為是日本佛教中特殊的「自然信仰」。

在受限的空間中，發展出屬於自己的宇宙，有時甚至建築物本身根本就是庭園的附屬物，比方像京都的銀閣寺正是如此。建造者將軍足利義政甚至特地賜予賤民出身的庭園師「法位」（一種象徵性的出家位，表示脫離世俗的身分秩序），讓這位改名「善阿彌」的庭園師，得到和幕府將軍對座深談的地位，而打造出這座至今不朽的文化遺產。甚至就連主建築金碧輝煌的金閣寺，在一度被縱火燒毀之後，大家才注意到原來圍繞金閣的淨土式庭園，是如此地充滿詩意和風情。

「そうだ 京都、行こう」

沒錯，上京都吧。這是日本JR每年都會推出的京都觀光旅遊口號。在品味了《表裏日本》的日本文化鳥瞰之後，這次讓我們到京都這個一千兩百多年歷史的城市，不只看建築和庭園，而更要看看這個古都的漫長歲月裡，記載的人們活著的痕跡和所有悲歡離合的記憶。京都有十七座的世界文化遺產，這次就讓我們以這十七個名勝為觸媒，訴說故事並輔以文化人類學式的「巡檢」手法，來仔細看看平安京這座千年王城的風景。

這十七個景點並不一定都歷史悠久，其中的金閣寺更是重建於昭和時期。但是京都的偉大，從來都是這裡的人們打造且維護至今的人文風景，而不是建築物的年份長短或是造景有沒有「古法遵製」。也就因為有這樣的自信跟驕傲，京都對於外來觀光客的各種「不像京都風格」舉止其實泰然自若。京都的風景從古代到近代渾然天成，因為京都人驕傲的核心，並不只源於「傳統」或「歷史」，而是因為「京都一直是京都」。不管是過去或是現代，他們都堅持自己的樣子並引以為榮。所以京都人個性機車，但是絕不假掰。

就讓我們來看看「京都一直是京都」的背後故事。

這本書，沒有私房景點，沒有便宜民宿，更沒有美食指南。當然，這本書更不想告訴你京都人的個性或是「道地的京都人應該怎樣」，因為就算想當京都人，我們除了重新投胎也沒別的方法。

我們就當一個拜訪京都的好客人。

就像千利休所強調的一期一會精神。當我們拜訪這個古都時，作為一個客人，我們用心體會她的美麗，傾聽她的故事，了解她的想法，知道她的過去。然後主客融為一體，一起吟味這些文化遺產帶給我們的知性盛宴，讓時間和空間共同營造出完美的節奏，最後你和這個古都相視微笑，達到「一座建立」（茶會中賓主盡歡的意趣）的美學與人文的交流體驗。

城市是人的集合體。特別是當一群人在這裡居住了數百年、甚至千年以上之後，城市會有自己的心跳。她會帶著過去的風情，同時也不斷地有新的變化，而這一切結合在一起，才會是她完整的容貌。或許你已經去過京都許多次，但是看完這本書後你再次到訪，相信你會望見她過去不曾展現在你眼前的面影。

而且聽見她延綿千年至今的心跳聲。

【第一章】

王城奠都篇

信仰與咒術的都城

一、「賀茂」和千年之都的誕生

京都當然不是一開始就是日本的首都、天皇所在的王城。「天皇」本身就是中國舶來的漢詞，是在日本接受一定程度的「文明化」——也就是經過從中國傳來的先進文化洗禮後，才出現的專有名詞。日本固有對天皇的美稱叫「みかど」，雖然漢字也寫成「帝」，但是它的發音和「御門」一樣。也就是說，對天皇的尊稱來自於進入天皇宮殿、或是首都入口的大門，跟「殿下」、「陛下」是同樣的語源。

被稱為「御門」、也就是「帝」的大和族首長，過去當然也曾擁有像飛鳥京、平城京等首都。尤其是到了奈良時代的平城京，其都市規劃和建築風格已經完全以中國長安、洛陽等舊都為範本，在東方的島國上打造出一個縮小版的文明集合地，以先進文化的力量，震撼了各地仍然保有一定獨立程度的土著部族。當「御門」一族的王城還在奈良縣境內時，隔著一層山脈、位於奈良北邊的這塊土地被稱為「山背」，是渡來部族秦氏的主要聚居地。除了這群來自大陸、精於各種農工技術的「新移民」之外，這塊土地同時有北方的賀茂氏、東方的八坂氏、南方的土師氏等部族定居。

這群先住居民後來也成為京都的重要勢力，因為秦氏的活躍而有了太秦這個地名。求商業繁盛賺大錢、日本神道中現世利益最大的代表——稻荷神全國總本社「伏見稻荷大社」，原本也是秦氏的部族氏神。而八坂氏創建的祇園八坂神社、賀茂氏的氏神上賀茂神社和下鴨神社，後來也都成為了京都的代表性寺社。就連原來以製作喪禮用的埴輪土偶為生業的土師氏，其後代都出了一個稀代能人（世所罕見的奇才）——菅原道真。而祭祀這位被奉為學問之神的，就是著名的御靈信仰據點、也是後來戰國奇人豐臣秀吉舉辦「北野大茶湯」的北野天滿宮。不過在首都遷移到這裡之前，還稱為「山背」的這裡，相較於日本的其他地方，也沒有什麼特別之處。

奈良時代的末期，日本出了一位名號桓武的奇特天皇。

在那之前，日本出了一對前後擔任天皇的兄弟檔。兄弟裡的哥哥天智天皇，就是出兵朝鮮半島、和中國新羅聯軍打了一仗的日本國主。天智天皇在敗戰後撤退回國、終日擔心中國即將進犯日本，待他過世後，其子弘文天皇被自己的叔叔消滅，而繼位的這位叔叔就是兄弟檔裡的弟弟天武天皇。因為有這段恩怨在，所以天武天皇的子孫，一直嚴防著天智天皇血統繼承皇位的可能性。但是隨著歲月的流轉，天武天皇系統的子嗣竟然斷絕，皇位便再度回到了天智天皇的子孫手上。正因這種超乎想像的發展，當天智系統的桓武天皇登基時，已經是以當時平均壽命來看接近老年的四十四歲了。也因為這樣的背景，桓武天皇急欲擺脫奈良平城京裡包括名寺大院等的舊勢力。因為他清楚地意識到自己（其實是從桓武的父親光仁天皇開始）和之前的皇統是不同的血族，重返皇位的天智系統天皇家，急需一個新天地作為新朝廷的首都。

天皇家離開了平城京，歷史上所謂的奈良時代就此結束。被選上的新首都是位於桂川沿岸、擁有水運之便的長岡京。不過，問題開始產生。

桓武天皇繼位時已經不年輕了。所以為了將來可以順利傳位給自己的兒子、也就是後來的平城天皇，桓武說服了自己本來已經出家、沒有後代的親弟弟早良親王，請他還俗擔任皇太子，以便這個重回皇位的新王朝血統，可以延續千年萬年，不會重覆對手天武系統之前「倒房」的命運。在這個大義名分之下，原本堅拒的早良親王也只好答應。但是重新回到政界的早良親王開始和朝廷重臣、也是長岡京主要工程負責人的藤原種繼交惡，而桓武天皇的兒子也漸漸長大成人。就在工程進行的途中，藤原種繼被暗殺。早良親王被指控是幕後凶手而且涉及謀反。

畢竟是天皇的親弟弟，所以早良親王只獲得剝奪皇太子身分並流放的處分。但是早良親王堅持自己無辜，在流放的途中絕食、悲憤而死。桓武天皇在弟弟死後，雖然掃除了傳位給兒子的障礙，並搬進了長岡京，但是這個交通便利、理論上作為王朝首都毫無問題的新城市，卻成了桓武天皇的惡夢。進京之後，桓武天皇的皇后、夫人陸續病死，而後天皇和早良親王的母親也跟著過世。最可怕的是皇太子安殿親王開始生病。

而且是精神病。

別說是當時那個時代，就連現代人看到桓武天皇身邊家人陸續發生不幸，甚至連皇太子都開始有精神狀況發生，都會聯想到是不是有什麼東西在作怪。只要仔細想想，就會得到那個東西是「早良親王」的結論。在找不到可以「祭改」的宮廟(誤)而苦惱於怨靈作祟、或說這種傳言對於政權產生不良影響的情況下，天皇家決定放棄營造不到十年的長岡京，把首都遷往東方的平安京，並把山背地方改名為守護王城的「山城」。

老實說，京都並不適合作為首都。盆地地形讓它冬冷夏熱，而且在這樣的氣候下，居民大量集中後經常發生可怕的瘟疫。此外，比長岡京更內陸的平安京，雖然陸路交通條件相差不多，但是水路交通就變得相當不便。不過深受怨靈所苦的天皇家，仍然因為它的地理位置，符合當時中國最先進的陰陽風水「科學」，所以毅然把首都換到了這個過去秦氏的居住地。

東邊的鴨川作為河流象徵青龍；西邊的山陰道則是排出邪氣的白虎；南邊以巨椋池作為守護京都的朱雀；北邊則是鎮守王城的船岡山龍脈玄武。這些原來就存在的天然地景，形成了風水學上的「四神相應」，也就在這些靈界屏障的保護下，後來的千年古都京都正式成形。

但是京都這個最新的迷信要塞，可不是光靠這四個地形就可以堅守來自怨靈的攻擊。還得在四個方位尋找巨大岩石作為「岩倉」，並且在下面埋藏佛教的《一切經》作為京都的守護據點。除了東方岩倉觀勝寺已經消亡之外，北方岩倉山住神社、西方岩倉金藏寺、南方岩倉明王院不動寺都還現存至今。配合中國傳進的風水術數、也就是以金星為方位神的大將軍信仰，共同以北方和東方的大將軍神社、西方的大將軍八神社和南方的藤森神社的形態一同守護天皇家。此外，由於東北方傳統上被視為鬼門，在桓武天皇移居京都前就離開奈良、獨自在離家不遠的比叡山修行的最澄，因為這樣而被重用，成為稱為「十內侍」的御用僧侶之一，最澄開山的延曆寺，更是成為了日本佛教的聖地。一切的開端只因為比叡山正好位於京都的東北邊，所以在山上的佛寺成為封住鬼門的機關，因而受到天皇家的大幅支持而已。

位於鴨川的上游、被列為世界文化遺產的上賀茂神社和下鴨神社，原本只是祭拜賀茂氏氏神、在平安奠都前就已存在的神社，但因為鴨川是四神相應中的青龍，而且一個在北一個在東，所以後來自然也被視為是鎮守京都的重要神靈機關。上賀茂神社和下鴨神社同為賀茂氏的族神，因為「賀茂」和「鴨」在日文裡都念「かも」，所以自古以來作為京都東邊界線、四神相應中作為青龍的這條河流會有「鴨川」和「賀茂川」這兩種寫法。不過近年的慣例則是，在出町柳與高野川合流後的下游部分稱為鴨川，而上賀茂和下鴨神社（合稱賀茂社）所在的上游部分則稱為賀茂川。

二、神道、陰陽道、御靈的風景

神道是日本民族的傳統信仰。在佛教、陰陽道等外來信仰尚未傳來之前，這種出自於對大自然力量的敬畏與對清淨之崇敬的原始信仰，就一直作為日本人的精神底蘊流傳至今。在京都奠都前就存在於山城地方的賀茂社，代表的正是這種傳統信仰。但是這種傳統信仰的精髓多存留於崇尚清淨、推崇再生的生命力等精神元素上，在有形的物質表現上，卻受到許多外來文化的影響。就連「神社」這個字的發音「じんじゃ」也是外來的漢字讀音，幾乎被視為日本傳統文化代表的神社建築，除了「神明造」這種起源自日本部族大王住所的建築樣式外，以「流造」為首的各種神社樣式幾乎都倣效自寺院的建築工法。連鳥居這種代表俗世與聖界分界的神道特有設施，在建築形式上也多多少少有大陸傳來的影響在裡面。

但是這些並不影響神道作為日本傳統信仰的獨特性。不過也因為吸收了先進文化的元素，讓許多人會把神道和所謂的陰陽道混為一談。的確，在長年的神道歷史中，受到不少陰陽道的影響，像江戶時代山崎闇齋所倡導的垂加神道，就採用了陰陽五行的理論，將神道信仰中的日本神話體系化。而在日本這種以和為貴的國家裡，各種宗教互相「習合」(折衷)的現象更比比皆是。比方與真言宗習合的修驗道山岳信仰，或是藏王權現、八幡神所代表的神佛習合等，神道為了世人的現世利益祈願和對祈禱作法的需求，自然發展出許多採用陰陽道要素的占卜、求籤等儀式。但是如果就宗教本質來看，神道和陰陽道是完全不同的存在。

相信很多人看過《陰陽師》這部作品，或其延伸的漫畫、電影、甚至各種周邊遊戲等。夢枕貘的原作小說描寫了妖物跳樑、怨靈跋扈的平安時代，也是我個人很喜歡的一部作品。作品中的天才陰陽師安倍晴明，穿著平安貴族的便裝「狩衣」、瀟灑指揮「式神」這種供其使喚的使者，解決各種問題困難的樣子，的確讓人聯想到我們今天在神社看到的神職人員模樣。但是安倍晴明會和神社裡的宮司（神職人員）看來相似，是因為他們穿著的都是平安時代樣式的貴族衣裝，而不是宗教神職的穿著。當時作為貴族的生活各種禁忌和行事參考的陰陽道，被當成一種經驗累積出來的科學方法——不論它再怎麼靈驗，只要它沒有伴隨著任何的合理理論基礎，那麼就會被稱為「偽科學」。但那是千年以前的平安時代。

不過就算是在那個時代，神道也已經被當成是一種信仰而非「先進技術」了。拙著《表裏日本》中曾經談到，佛教當時導入日本，被期待的功能就是鎮護國家、促進家族個人平安繁榮，還有最重要的就是克服對於「死穢」的畏懼，以火葬這種方式讓日本擺脫了天皇死亡就得遷都的無奈宿命。對「死」感到污穢，就是一種傳統神道中因為對生命力和潔淨的崇拜，而產生出來的負面思考。而除了死穢之外，日本傳統信仰中還有另一種可怕的存在。

就是怨靈。

在安倍晴明的陰陽師故事裡，所收服的魔物中有許多都是含冤而死的怨靈，甚至還有活人的恨意怨念自己人格化後、脫離主人出來作惡的「生靈」，或是歷史悠久的道具、因為被人拋棄後的悔恨和憤怒而產生的「物怪」。這些怨靈對生人產生壞影響的作祟，就被稱為「タタリ」，是日本傳統信仰中最難以對付、最邪惡的能量，這種能量的負面程度，有時甚至超過因死亡而產生的死穢。佛教東傳進入日本後，除了保護國家、讓死去大人物的死亡能量不再擴張外，也有用佛祖的力量鎮懾這些怨靈的用意。據說聖武天皇會在東大寺建造鎮護國家的大佛，有一部分的原因就是要鎮住在皇位爭奪戰中、被太太光明皇后的四個兄弟害死的長屋王怨靈。但是到了桓武天皇的時代，證明這種作法不一定有用。因為作祟的早良親王自己本身還曾經是和尚啊！

陰陽師的出現，除了希望借用這種「科學」力量，來保護貴族們不受一些不知名力量危害之外（例如「方違」這種作法要避的就是類似台灣民俗中的「煞」），也是希望能制衡這些恐怖的怨靈們。不過諷刺的是，桓武天皇因為躲避怨靈而來到京都，也好像用上述的那些神靈結界把追殺桓武的怨靈擋在外面了，結果這個理論上應該因此永世平安的王城，卻不斷地產生新的怨靈，如後世被藤原氏算計失意而死的菅原道真、因為皇室政爭而把佛經迴向魔道的「日本國第一大魔緣」崇德上皇等。當然，京都也存在著在還不是首都的時代前，就存在於當地的古老怨靈。這也是為什麼夢枕貘可以把京都描繪成一個帶著幾許妖氣、和黑暗陰森的美麗王城的時代背景。總之，日本在歷史上一直得面對如何處理怨靈的課題。

應該很多朋友聽過京都三大祭。

京都三大祭就是平安神宮的時代祭、八坂神社的祇園祭和賀茂社的葵祭。除了起源於明治時代、以紀念平安遷都一千一百週年為主題而誕生的時代祭之外，八坂神社和賀茂社都是京都建都前就存在於當地，由八坂氏和賀茂氏這兩個在地豪族所建立的歷史悠久神社。而祇園祭和葵祭之間，其實還有個不太為人知的共同點。

就是這兩個祭典的起源都很黑暗。

當然，今天我們看神聖莊嚴而且充滿清淨感的葵祭，絕對不會產生這樣的聯想。祇園祭也因為室町時代以來神人和町眾氏子（神社的在地信徒們，類似台灣民俗用語中的「爐下」）的經濟力量突飛猛進，變得金碧輝煌，重頭戲的山鉾遊行甚至已經成為京都傲視於世界的國際觀光盛會。但祇園祭的起源其實來自於所謂的「御靈會」，那時京都因為怨靈作祟造成瘟疫大流行死人無數，為了撫慰這些怨靈惡靈們才舉辦祭典讓它們高興的。而葵祭也是因為某年發生毀滅性的歉收，占卜之後才發現是賀茂社的神明們因為怨念而作祟的結果。因此舉辦跑馬等祭典讓神明們開心，這才平息了賀茂神等神明的怒火。

面對最讓人敬畏的怨靈，日本人終於找出了最好的辦法。那就是把怨靈當成神祭拜，把怨靈轉化成保家衛國的正面能量，這種信仰方式就是「御靈信仰」。京都可以說是御靈信仰的大本營，賀茂社和八坂神社可以說是御靈信仰的廣義沿伸，而北野天滿宮和白峰神宮更是御靈信仰的最佳代表。

怨靈其實就是人類愛恨情仇糾纏的產物，而遷都京都更是桓武天皇家族裡上演「平安人生」（荒誕、灑狗血的劇情）所誕生的結果。這些神社的存在豐富了這個千年古都，而這些信仰和祭典背後的意義，正如同用歲月累積出的黑暗，襯托文化遺產和熱鬧慶典散發出的亮麗光芒，折射出京都時而哀愁、時而華麗的王城風景。

三、八百萬神之都的文化人類學巡檢——上賀茂神社、下鴨神社

其實就如同上述，雖然上賀茂神社和下鴨神社都被列入世界文化遺產，但這兩座神社其實應該被視為一體的「賀茂社」。

上賀茂神社的正式名稱是賀茂別雷神社，列為國寶的本殿祭拜的主神是賀茂別雷大神，其建築形式是三間式流造的典型。在其西邊是與本殿一模一樣造型、同樣為國寶的權殿，「權」就是暫時、假借之意。之所以會有這樣的設計，是神社格式地位僅次於伊勢神宮的上賀茂神社，其實和伊勢神宮一樣，本來是有每過二十一年就把整個建築物解體，在旁邊重新建立一座一模一樣本殿，來象徵農耕文化中最重要的生命力、被稱為「式年遷宮」的習俗。但是上賀茂神社是使用不把建築物拆掉，而在每二十一年對建築物展開整修的變形式年遷宮方式。所以本殿旁邊才會有這間建於江戶時代的權殿存在。

下鴨神社的主神則是賀茂一族的始祖賀茂建角身命、以及賀茂別雷大神的母親玉依媛命。也因此，下鴨神社的正式名稱是賀茂御祖神社。而賀茂建角身命這位賀茂一族的始祖，可是鼎鼎大名的存在，因為他就是化身靈鳥八咫烏，帶領神武天皇在戰爭中得勝的功臣。也因為這樣，賀茂建角身命被視為勝利的象徵、也同時被視為是太陽的化身。而和上賀茂神社一樣，下鴨神社的三間式流造本殿也被指定為國寶，裏面的獅子與狛犬像非常值得一看。也因為這裏也祭拜了上賀茂神社的主神——別雷大神之母玉依媛命，所以下鴨神社也被當成是安產祈願的盛地。至於下鴨神社佔地廣大的糾之森，除了曾成為應仁之亂的戰場而燒掉了七成的面積之外，一直都是鎮守下鴨神社的神聖林場。這個位於都市中心的森林，其面積是東京巨蛋的三倍大。

京都三大祭之一的葵祭正式名稱是賀茂祭，在每年的五月十五日舉行。因為在祭典期間不管是神社方面或是鄰近居民、信徒等的衣服，或是道具上都會裝飾賀茂社的象徵、同時也是神紋圖案的二葉葵而得名。掌管天下近三百年的德川家雖然號稱源氏，但是其三葉葵家紋和賀茂神社的神紋圖案極為類似，而且德川家也非常崇敬賀茂社，所以也有德川家其實祖先出身自賀茂神社神官的說法。祭典當天是從京都御所出發，經過下鴨神社之後再前往上賀茂神社。所以儀式主要分為「路頭之儀」(遊行行列)和「社頭之儀」(祭典儀式)

兩個部分，其中社頭之儀裡的重頭戲是「斎王代禊」儀式。由於賀茂社的社格崇高，所以過去斎王代禊都是由皇室派出內親王（皇女或皇孫女）或女王（皇子的女兒）來代表，但現代已經可以由一般人女性來代表，只是據說一次得花上數千萬日幣的花費，所以一般都是京都裡的名人、企業家或是大人物的後代間在輪來輪去。

除此之外，日本的足球明星中田英壽，曾經穿著古代正裝前來參拜下鴨神社。這倒不是什麼cosplay（角色扮演）或是宣傳手法。而是因為下鴨神社的主神是八咫烏的化身，除了象徵勝利之外同時也象徵太陽。日本足球國家代表隊正是依照這個典故，用三足烏鴉、也就是八咫烏來象徵日本國旗中的太陽作為隊徽。也因此，過去代表日本出戰各大國際比賽的中田英壽，是特地在退休後來向日本國家代表隊的「大本營」致敬。

而說到足球，就不得不順便提到白峰神宮、這個號稱全京都最陰的神社了。說它全京都最陰，是因為這裡供奉的是日本史上最強怨靈——其怨念把天皇家從權力寶座上打下，使天皇對平民武士組成的幕府言聽計從了七百年——崇德上皇。這位天皇家的前輩在數百年後還是讓天皇家戰慄不已，讓明治天皇在登基之前，還得特地派敕使向崇德上皇道歉，並把其靈廟移回京都。

不過因為白峰神宮過去是貴族飛鳥井家的舊居，而飛鳥井是蹴鞠這種用腳踢球的傳統技藝宗家，所以境內供奉著蹴鞠的守護神精大明神。也因為這樣，許多著名日本足球選手都特地來參拜這個怨靈大本營，只為了參拜蹴鞠守護神精大明神。我有個年輕朋友在去京都玩前向我詢問私房景點，我就向他介紹了這個祭祀日本最大怨靈的神宮，而他去了之後也相當開心，可以看到大家所不知道的景點。不過回來之後他「衰小」了一兩年，也找不出到底什麼原因。一直到最近我才看到他在白峰神宮前拍的照片，角落有兩條一白一紅的光線。

紅旗跟白旗，正好是源家和平家在戰爭時所用的旗印。崇德上皇就是被平清盛和源義朝的軍隊擊敗後被流放的。

所以這個要去此景點請自己小心謹慎。小弟不負任何推薦責任（笑）。

同樣是祭祀御靈之地，以含恨而死、但被拱為學問之神的菅原道真為主神的北野天滿宮，相對地就應該「處理」得比較ＯＫ。現在當地已經成為了梅樹盛開時的賞花盛地，一般也沒聽說去了之後會怎麼樣，而且豐臣秀吉還在這裏舉辦過盛大茶會。只不過這位建議停止遣唐使的仁兄，應該不太喜歡講中文的人，我每次去那裏抽籤都是大凶。

以上是信不信由你的個人體驗。而說到個人體驗，其實我在日本拍攝日式婚紗照時，其中的一個活動就是在上賀茂神社舉行神前結婚儀式。在社務所接受完說明之後，男性穿著紋付禮服，新娘穿著和服打掛進入幣殿，在神職簡單的介紹，並進行莊嚴的神道儀式後，由神職宣布在賀茂別雷大神的見證下，兩人結為夫妻。這是很值得推薦而讓人永生難忘的結婚儀式。而且最重要的，這裡的神職和巫女都會講英文。

不過這個體驗還是有讓我覺得遺憾之處，就是整個儀式沒辦法用影像紀錄下來。但是想想能進去幣殿，用神道儀式決定自己人生大事已經很開心了，怎麼好意思用相機對神明不敬呢。但是除此之外，另一個我沒辦法拍下紀錄的風景，也讓我一直遺憾至今。那就是在寒冬裡穿著全套和服打掛、坐計程車時動彈不得，只能拉著條繩子防止在車裡像不倒翁一樣滾來滾去，活像時代劇裡在大奧裡生孩子的我老婆美麗身影。

不過拍了之後可能就換我也得成為御靈進入神社了。

【第二章】

弘法傳教篇

穿梭佛法與世俗間的兩位巨人

最澄和空海。日本史上的兩大天才。

雖然他們都是和尚，但是他們都為日後的日本創造了無數偉大的有形和無形遺產。雖說是「兩大」天才，但嚴格來說，空海和最澄是兩種完全不同典型的人種。最澄是認真的優等生，而空海則是自由奔放、帶著強烈個人魅力和神祕色彩的智能偶像。

這兩位僧侶幾乎創下了今天日本佛教的基礎，最澄是天台宗的始姐，他所開創的比叡山道場，是後世大多數佛教宗派祖師的出身地，所以在日本被尊稱為「傳教大師」。而從中國學回唐密[1]、在日本發揚光大的空海則是創立了東寺，和以胎藏界曼荼羅的「中台八葉院」[2]為原型的真言宗本山——高野山金剛峰寺，被尊稱為「弘法大師」。在中國除了佛法之外，還學習了當時最新的土木等技術的空海，在日本各地留下了種種神奇的救世救民美談，而著名的四國遍路行腳（徒步巡禮八十八座位於四國的寺院），更是完完全全構築於空海的信仰。空海的超人傳說，也成就了日本四處可見的大師信仰。

相較於空海的個人魅力和迷人才華，最澄則是個篤實的求道者，他所創立的比叡山延曆寺後來成為日本佛教的「根本道場」[3]，後世日本新出現的佛教宗派幾乎多多少少全都起源自比叡山的教義法統。而最澄所創立的延曆寺後來還經歷了織田信長的縱火屠殺，但今天仍然樹立在京都的「鬼門」方向（東北方），繼續守護著這個千年首都。

看到這麼多專有名詞，先別急著把這本書丟掉。接下來的內容會一個一個慢慢解釋。不過我們並不是要研究教義，最終目的還是要了解這兩位巨人帶給日本、帶給京都什麼樣的文化遺產。

京都的文化遺產裡訴說這兩位巨人故事的，主要就是延曆寺、東寺和仁和寺三個地方。

1 編註：佛教密宗流派，發源於印度，在中國唐代時傳入影響漢傳佛教。

2 編註：胎藏界曼荼羅是依《大日經》繪製，建立十三大院，而「中台八葉院」是胎藏界曼荼羅中央的心臟地帶的重要內院。

3 所有佛教宗派的起源地之意。因為延曆寺的本堂也正好名為「根本中堂」故得名。

走進嚴格來說並不完全屬於京都、而位於滋賀縣的比叡山，不管你對佛教有多少了解，首先感受到的應該是信仰的莊嚴氣場。必須要搭乘登山電車才能到達的延曆寺，一直到今天還是充滿了「修道人所在」的感覺。也由於位於山區、且在日本佛教具絕對代表地位的關係，比叡山的美稱就是「山門」[4]——如果對佛教有認識的朋友，就知道以「山門」專指比叡山，代表多重大的意義。位於山頂的國寶建築——根本中堂，是由最澄建立，也是擁有一千三百年歷史的法城[5]比叡山的中心。當然，根本中堂並不是一千多年來都一直保持原貌。例如大約七百年前，山門和當時的掌權「魔王」足利義教將軍發生衝突時，山門的下級僧侶們竟然就把自己關進了根本中堂，還縱火把自己和這間傳教大師建立的寶殿一起燒為灰燼，用死向當局作最大也最恐怖的抗議。而後根本中堂也經歷過無數次的兵災和戰火，包括許多人都聽過的織田信長無差別屠殺——「比叡山燒打」。

山門好像遇到外號叫「魔王」的都會變得很衰小。

至於空海的東寺，就位於今天京都車站的不遠處。只要搭新幹線接近京都，在入站前就可以從車窗看見東寺壯麗的五重塔。如果在開放夜間參拜的特別時期到訪東寺，更會為它壯麗的五重寺、金堂，以及講堂裡把宇宙構造具像化的佛像群之美所著迷。這個位於京都境內的真言宗根據地，以「空海大師仍活在人世修行」為前提，現在仍然每天在御影堂（祭拜空海處）舉行一之膳、二之膳、奉茶等「生身供」儀式，因此可以說弘法大師的真言法城跟比叡山相比，更直接地訴求於人的直覺和感性。如果比叡山是遠離塵世的脫俗之美，那麼整個東寺充滿的就是對宇宙和生命的華麗讚歌。如果最澄的比叡山像是個認真的求道者，那麼空海的東寺就是個豪放的天才。為了紀念空海入定，而於每個月二十一日於境內舉行的「弘法市」，更是成了京都庶民間暱稱為「弘法桑」、擁有七百年歷史的跳蚤市場。這個世俗與宇宙曼荼羅交

4 編註：一般是指佛教寺院的正門。

5 編註：佛教寺塔。

會的神聖之地，也同時是弘法大師空海一生奮鬥的成就之地。

最澄和空海。前者是以追求當時天台法華宗所代表的普世價值而出發、卻開創了佛教日本化的始祖；後者卻是從日本的咒術傳統起步，最後卻發展出了超越國家格局的真言密教。想當然爾，京都的世界遺產裡當然有這兩位巨人的足跡。東寺就是空海受天皇賜予、真言宗在京都的根據地。而醍醐寺、仁和寺也都是以空海為祖師的真言宗系統寺院。相對的，最澄除了創建比叡山延曆寺外，西芳寺、天龍寺、龍安寺和金閣、銀閣所屬的臨濟宗祖師榮西，最初也是在延曆寺出家得度。更值得一提的是，後來成為日本十元硬幣背面圖案的國寶「平等院鳳凰堂」，原本雖然是藤原家的別莊，後來作為佛寺開山時成為天台宗寺院，但裡面也同時供奉了許多空海真言宗系統的國寶級佛像。

從這裡你就可以看出這兩位大師超越宗教者身分的偉大。

一、天台宗與真言宗

講了半天，到底什麼是天台宗、什麼是真言宗？而為什麼最澄和空海要冒著生命危險，去中國把這兩種教義帶回來？

簡單來說，就是為了革新日本當時的佛教。

早在平安時代前的奈良時代，首都附近就已經有了東大寺、興福寺等大寺院，其中由聖武天皇興建、號稱當時東亞最大佛寺的東大寺，更是不管是規模或勢力，都幾乎像是最高學府的國立大學一樣。沒錯，佛寺就像國立大學。因為當時佛教不只是一種宗教，更像是從中國傳來的總合科學結晶。其中包含的不只精神思想，還有建築工法、文字書法及造型藝術、甚至土木工程技術。而出家人也享有國家出錢供養的公務員待遇，又因為要看懂佛經就一定要有高深的漢文造詣，所以當時的高僧們簡直就是穿著法衣的大學教授。再加上著名佛寺常由皇親國戚擔任住持等要職（像興福寺就幾乎等於權門藤原氏的家寺），所以寺院對於政治也極具影響力。桓武天皇會丟下過去的首都而定都平安京，除了害怕弟弟早良親王的怨靈外，另一個理由就是要擺脫這些佛寺在政治上的干涉——有時甚至是要脅勒索。但新的首都平安京也不能沒有佛法的加持，所以這也給了最澄和空海兩位新興法師出世的機會。

但是最澄和空海再怎麼善於和當權者交陪（應酬、交際往來），也不至於會因為愛錢愛權、和想當新的國師而冒死渡海前往中國求法。兩位法師參加入唐之旅，還是有著宗教上的最大理由。

因為奈良位於京都南邊，所以在定都平安京之後，舊都奈良就被稱為「南都」。南都的三論宗、法相宗、成實宗、俱舍宗、律宗、華嚴宗等主要佛教宗派就被稱為「南都六宗」。而佛教裡所謂的宗派，就是指在數量龐大的佛經中，以哪一部作為教義基礎的根本大典，像華嚴宗的根本大典就是講述宇宙構造的華嚴經。但是除了華嚴宗和以講述僧侶戒律為主的律宗之外，其他的宗派都是以「論」作為根本大典的教派。也就是說，南都六宗的學術色彩極強，與其說是信仰，不如說是種嚴密的哲學思想。而這種學術沙龍式的佛教，無法滿足最澄和空海對佛法的渴求。於是兩人渡海求法，帶回了中國最新(?)的天台宗和真言宗。

天台宗的全名是「天台法華宗」。顧名思義，天台宗的根本大典就是法華經。法華經號稱是釋尊(釋迦摩尼)於最後期所說的法門[6]，在法華經中釋尊才真正講出了佛法的真諦，而在此前的經典「皆為方便」——所謂的方便就是為了一時權宜的假說。而法華經發展出來的背景，就在於小乘佛教和大乘佛教間的論爭。

以大乘佛教的立場而言，自己能夠修行佛法，並且能夠救濟他人的行者叫「菩薩乘」，而不管別人而只管自己修行的叫「聲聞乘」(直接聽過釋尊說法的人)和「緣覺乘」(因為因緣而修習佛法的人)，聲聞和緣覺這二乘的行者因為格局太低，所

6 編註：修行者入道的門徑。

以是無法成佛的「小乘」。而法華經正好是釋尊所說的無上佛法，所以連之前大乘佛教認為不能成佛的二乘都可以一起解救。也因此，天台宗稱法華經為完美圓滿的「圓教」。

從天台宗的觀點來看，主張「五性各別」（就是每個人的心性不同，有些笨或是頑劣的人怎麼修行都無法成佛），而不以「經」而以「論」為根本的南都六宗，簡直就是無法成佛的小乘翻版——雖然南都六宗其實也都是大乘佛教。所以，最澄將天台宗導入日本之後，也同時開始了他和奈良舊佛教終盡一生的抗爭。

而所謂的真言宗，簡單來講就是密教。「真言」指的就是「佛所說真正的語言」，既然是佛說的語言，那麼真言宗裡用來和各佛菩薩合一的咒語，當然只能誦唱梵文。所以才會有像戰神上杉謙信篤信的毘沙門天[7]「唵　吠室囉　縛拏野　莎訶」（on-beishira mandaya sowaka）這種許多其實誦念者也只知其音而不知其意的真言。真言宗繼承的是當時興盛於唐朝，而發源於釋迦入滅後數百年的印度密教系統。因為印度密教興起時，吸收了當地的傳統咒術和土俗信仰，再加上其神祕主義和強調肯定現世、即身成佛的教義，讓期望用佛教的「法力」來達成長命啦、生男孩啦、甚至幹掉仇人等心願的凡人們大為歡迎。而早期浪跡日本山林，深受日本土俗咒術、還有零星傳進日本後跟傳統信仰結合的雜密[8]所影響的空海，在入唐學習完整的密教訓練後，不但成為唐密的正統傳人，還在回到日本之後將龐雜密教元素整理純化，發展出一個完整的思想體系，這就是日本的真言宗起源。

就真言宗的立場而言，佛教不管是大乘小乘，只要不是真言宗系統的，都相較於其「密教」而稱之為「顯教」。顯教可以用文字學習，但是博大精深的密教只能師徒相對直接面授，所以真言宗當然也覺得密教的層級高於顯教。真正密教的教義是深奧難解的，但是就像上述的毘沙門天真言一樣，這種神祕主義對一般信徒而言，反而形成了「那反正我也不懂沒關係，我只要

7 佛教中四大天王守護北方的多聞天王梵名。

8 編註：未系統化的咒術型密教。

知道有效就好」的觀念。內心有所祈求的信徒，就只一心臣服於天才空海發展出來的宗教儀禮，和聽不懂但好像很厲害的梵文真言，還有因神祕主義而延伸出來的華麗佛教造型和建築美學之下了。

二、「為佛賭生命」的留學人生

這兩位大師的個性，或許可以從他們的出身和行動就看出不同之處。同樣是被選為遣唐使入唐追求佛法，最澄當時的身分是「還學生」，也就是在短期之內回國的學生。而空海則是「留學生」，本來規定的留唐時間為二十年。最澄血統純正，年輕時就廣受朝廷及貴人信賴；空海則是地方人士之子，在被選作留學生前的經歷諸多成謎。連到了大唐之後，兩人的作風都大不相同。以學習天台宗為目的的最澄，一到中國就馬上往天台山直去，連長安都沒有進去，在習法完成後也馬上遵守規定立刻回到日本。空海則是在長安遍享當時的國際都會風華，四處請人花錢，把原本二十年分的經費全部花完，用這樣培養出來的人際關係學習佛法和購買法器，兩年之內就把密法學習完畢然後光榮回國。兩位大師回到日本之後，都留給後世燦爛奪目的遺產。但是在當時那個時代，兩人的際遇可是大不相同。

首先很多人可能會有個誤解，就是一樣是公費待遇，比起留學一年的「還學生」，留學期間長達二十年的「留學生」好像待遇較好。但其實事實正好相反，留學時間較短的還學生，指的是已經在某專業領域有高成就的人士，為了補足自己學術不足處而前往中國取材的身分。最澄在出發時已經極受桓武天皇賞識，也是朝廷「十內侍」（十位高僧）之一，所以最澄是帶著豐富的資金和朝廷的厚望出發的。而空海的留學生身分，雖然可以領到二十年分的生活費，但其主旨就是長時間地在中國當地研習學問，所以派遣時就不會選擇什麼一等一的重要人物。

事實上空海能夠拿到留學生的資格前往中國，還得歸功他擔任伊予親王（桓武天皇的皇子）老師的舅舅阿刀大足，和佛法上的老師勤操兩人多方的運作。甚至在出家需要國家正式承認的時代，空海在參加遣唐使之前根本連僧侶資格都沒有，只是個自己把頭剃光、躲入山林修行的「私度僧」。也就是說，最澄和空海兩人出發時的起點，就是完全不一樣的。司馬遼太郎曾在作品裡猜測空海當時的心態，認為在空海的眼中，最澄就是個巴結天皇吃香喝辣的書呆子，要去中國結果中文程度連給自己抬腳都不配，講起當時新興的密教更是「懂個芋頭番薯」這樣。

當然這只是猜測，但是歷史有時巧合地不可思議。這兩位日後的巨人在或許聽過對方名字、但完全不認識彼此的情形下，搭上了同一批的遣唐使船團。在經過了苦難和恐怖的漫長航行後終於到達了大唐——因為當時日本落後的航海技術，讓這段今日看來根本像是近海航路的旅程，就像是橫渡三途之川（冥界）的賭命航路。過去發願要從中國到日本傳佛教大乘戒[9]的高僧鑑真，在成功來日前就經歷了五次的失敗航行，其間還付出了失明的代價。當時的日本船是平底構造而且沒有龍骨，更別說是甲板了。此外，帆柱的構造也相當落伍，不僅不堅固還常常需要用人力划船。而且當時為了配合年底到長安晉見皇帝的時間，船團往往選擇在七月時出發。對從日本到中國的航路來說，剛好是屬於逆風、海象極差的季節。在這種航海條件惡劣至極的狀況下，整體遣唐使的生還率不超過六成，空海和最澄參加的遣唐使團，其大使藤原賀野麻呂，在慶祝出發前的酒宴是含淚接過天皇下賜的酒杯，然後親朋好友當場哭成孝女白琴團。而為了防止海難的悲劇發生，日本朝廷作的措施是什麼？

在船頭披上華麗的冠帽，然後給每艘船封給「從五位下」[10]的官位。希望

9　編註：又名菩薩戒，即菩薩僧所受持的戒。

10　編註：「從五位」為日本官階與神階的一種，位於正五位之下、正六位之上。以近代以前的日本位階制度來說，「從五位下」以上者為貴族。

它能好好地完成任務。

是的。這就是日本當時的科學。皇帝恩寵而貴族景仰的正統優等生最澄，天資過人但出身草莽的異能私度僧空海。這兩個完全不同類型、不同人生際遇的出家人，搭上了同一個賭命出航的遣唐使船團。經歷了迷航和風暴的地獄般過程，四艘船構成的船團中有兩艘遇難身死，空海和最澄搭乘的兩艘船，終於在不同地點上岸、到達了目的地中國。認真的最澄充分運用日本朝廷給他的資金，到了中國後連長安都不進去，馬上直奔浙江天台山開始學法、雇用寫經生開始大量抄錄佛經，不到一年的時間就完成了被交付的任務，帶著天台宗教義和佛學經典回到日本，而且還在回程等船的期間，順便學了一點基礎的密教。可見最澄這個人是多麼典型的能幹公務員型人物。

那麼空海呢？他則是一下船就遇上了大使被當地官員刁難，懷疑這群人根本不是遣唐使而是日本來的走私船的麻煩。理由也很簡單，因為他們漂流上岸的地點是在福州。一上陸之後，會講中文的遣唐使團成員，和當地官兵彼此間根本聽不懂對方在「恭三小」，所以先抓起來限制行動再說。好不容易會說官話的當地長官來了，結果大使藤原賀野麻呂寫的漢文「和臭」（就是日本腔）太重，又因為身為遣唐使的信物放在最澄等人搭乘的二號船上而不在身邊，所以當地長官閻濟美看完藤原賀野麻呂送來的請願書，反應就是「厚～你偷渡客齁？」，一行人硬生生繼續被罰坐在海邊的沙洲上等待處置。

「私是日本國の遣唐使の一行の大使の賀能」

藤原大使當時寫出的漢文，如果用今天的看法，大概就是充滿日式文創風格的文章吧——雖然今天這種文法如果拿去夜市賣法國麵包應該會蠻受歡迎的。不過「賀能」真的是藤原在中國期間所用的別名，因為當時有以單一個字作姓名為尊、複數字為蠻狄人的風潮。就連後來和大明作生意的足利義滿，也把自己的名字寫成「源道義」。

話說回來，在這種危機下，最後竟然是靠著空海過人的中文能力（注意，空海在此之前從未到過中國）和勝過一般中國文人的作文能力，才爭取到了官員的信任得以進入長安。到了大唐首都之後，空海不只和長安的文人們頻繁交流並獲得中國文壇的尊敬，還獲得了皇帝的賞賜。在長安名聲遠播的空海，也因為這樣和密教大師惠果接觸不久後，就得到了其法脈正傳。兩年之後，空海以「沒有生活費」為由向大唐皇帝告辭，並在回國之後以自己繼承密教法脈的實力、還有用二十年分生活費換來的龐大法器和經典，而逃過了未能完成留學期間提早回國的「欠期罪」。從這些事蹟就可以知道空海的口才、文筆和智慧，甚至可稱狡智的處世術。如果生在現代，空海絕對有成為「尊榮藍鑽經理」的天賦而不必出家。

我說錯了。就算在現代，出家有時成就還比尊榮藍鑽經理更好。

總之，空海和最澄兩人合計在大唐的三年歲月，大大改變了爾後日本文化的命運。回國後不久，空海開始嶄露頭角，而前半生一帆風順的最澄，卻開始迎接人生中的暗雲期。

三、互為表裏的兩人

這兩位高僧，可說極為近似，也可說是正反表裏。最澄和空海同為地方貴族之子，也同樣具有「渡來人」[11]的血統。最澄的祖先號稱在應神天皇的時代來到日本，血統可以上溯到東漢最後一位皇帝獻帝——呃，看你相不相信啦。空海則是出身於烏龍麵大國（？）讚岐，也就是今天的香川縣。而空海出身部族佐伯氏來歷更加傳奇，據稱是在關東仍然未臣服於大和朝廷的上古景行天皇時代，著名的戰神皇子日本武尊征伐東國[12]時，帶回首都的俘虜其中之一。這群被帶回來的俘虜本來被獻給伊勢神宮——如果你聽過祇園神社過去的「犬神人」[13]，就不會對這個處置太意外。因

11 編註：約於四至七世紀，從中國、朝鮮等亞洲大陸地區遷徙至日本的移民。

12 編註：東國，日本近代以前的一個地理概念，為大和朝廷對東海道鈴鹿關、不破關以東地方稱呼，包含範圍大致為今日關東與東海地方。

13 編註：中世以來從屬於大社的下級神職人員。

為當時神社或寺院的末端，的確都擁有一些從事基層低階的人力，或許當時這群俘虜就預定被拿來當成伊勢神宮的勞動力。

但是據史書記載，這群東國來的「野蠻人」不僅粗魯，而且「很吵」——如果一堆人不斷嘰嘰呱呱講著你聽不懂的語言，說不定很多人都會有跟天皇一樣的同感。於是景行天皇就下令這群俘虜不得住在京都，把他們趕到了播磨、安藝、伊予、讚岐、阿波等五個地區[14]。而佐伯氏就是這樣來到了讚岐，空海的出身部族就是當地的「國造」，也就是地方首長。或許空海不一定是這些來自東國的「異民族」、而是監督這些俘囚的長官後代，但這種異於大陸文化的環境，對空海絕對造成了一定的影響。

這就是最澄和空海各自的部族來歷。雖然到了他們的世代，已經過了數百年以上的時間，但是對大和朝廷而言，這兩位的始祖都與外來文化有關。來自中國的渡來人子孫最澄，重回大唐學法，讓人感到一種宿命暗合之感。而空海精通中文和梵文、並善於漢文文章的語言天分，如果對照起他出身地的俘囚「呱噪」傳說，也不禁讓人會心一笑。

若要說兩人最大的相同點，就是人生前段的放浪生涯。

空海背負了神童的美譽和一族的期望，來到首都進入當時唯一的國立大學，準備成為行政官員。而最澄則是出身於漢學素養豐富的家庭，十二歲就出家，十八歲得度，二十歲受戒；如果空海從大學明經科畢業，就可以成為公務員然後衣食無憂一生所得替代率超過百分之百。最澄更是在二十歲時就正式得到了官僧的資格，等於獲得國家開立的長期飯票，而且大家見了你都得「師父師父」地叫的世俗尊榮成就解鎖(達成)。但是空海不久後就突然退學進入山林修鍊，而最澄也拋下了官僧的身分，獨身進入出身地附近的比叡山修行。

兩人好像看起來都瘋了。但是像瘋子似乎才是成為天才的必要條件。

14 編註：播磨、安藝、伊予、讚岐、阿波大約分別位於今日的兵庫、廣島、愛媛、香川、德島縣，是日本古代的令制國。

這兩位日後的大師，在拋棄世間榮華時，都各寫了一篇自己為什麼作出這個蠢決定(?)的說明文。最澄入山修行時完成的稱為〈願文〉，說明自己為什麼要丟下和尚終身俸去當個野和尚。而空海則是寫了一篇戲曲風的〈三教指歸〉，來說明儒道釋三教中，佛教是最優秀的思想。最澄的〈願文〉開頭就是「悠悠三界　純苦無安也　擾擾四生　唯患不樂也」，內文充滿了遁世思想和對世風日下的無奈，又在文中形容自己是「愚中極愚　狂中極狂　塵禿有情　底下最澄　上違於諸佛　中背於皇法　下闕於孝禮」，簡單地說，就是說自己「白目兼頭殼壞掉又不聽話兼不忠不孝」。最澄的〈願文〉裡立了五個願，總而言之就是自己如果沒達成像釋尊一樣的境界，就不會下山和人相處，更不會出來以佛法救世這樣。

空海就不同了。

空海的〈三教指歸〉的構造基本上就像個劇本。裡面首先出現了一個有錢家阿伯，阿伯的外甥，是個名叫蛭牙公子、生活不檢點的富二代。於是阿伯就找人來給他說教，希望公子吃餅改過自新，前來給他說教的，是儒學老師和道家的虛亡道士，還有影射空海自身的青年修行僧——乞兒和尚。老師和道士分別說了一大段道理，要警惕蛭牙公子痛改前非。最後乞兒和尚登場，講述佛教是如何優秀並且超越儒、道的思想，最後連儒學老師和虛亡道士都不得不同聲讚嘆，頌揚佛法的偉大這樣。看了文章之後，很多人應該會覺得公子可憐——公子只是貪玩了一點，結果被三個人跑來給他連續碎碎念了一大篇，講起來也是蠻「衰小」的。

當然，這篇戲曲裡，蛭牙公子影射的大概就是出家前的空海。而乞兒和尚當然就是影射出家後的空海本人。也可說這篇文章，就是還在大學求學時的佐伯真魚(空海俗名)接觸儒、道、釋三種思想之後，決定追隨窮究宇宙和生命真理之佛教的心路歷程。而那位儒學老師，應該就是影射空海的舅舅阿刀大足。此外，有錢阿伯和蛭牙公子的親屬關係，或許也暗示著空海受舅舅照顧才得以進入國立大學的經歷。

順帶一提，那位儒學老師在書中的名字叫「龜毛先生」。真的。

從這兩篇寫於年輕時帶著宣誓意味的文章，就可以看出兩人個性的不同。最澄謙遜而樸直，初期甚至帶了一點離世主義。空海則是才華奔放，連出家都要假鬼假怪寫了一篇像小說的東西來證明自己沒錯，但其文采又讓人愛不釋手，也可以從文間讀出空海對於現世的肯定，以及追求真理的熱情和積極性。同樣在年輕時出世入山，也同樣寫了留傳至今的著名文章，但是如此相近的兩人，其個性和對佛法的認知卻又差了十萬八千里。如果空海是個大開大闔且精通人情世事的全能天才，那麼最澄就是個充滿情忱又純情認真的努力家。

這兩位不同典型的天才，留下了同樣不可思議、卻表現出各自獨特個性的兩個傳說。一個是空海的「生身供」、一個是最澄的「不滅法燈」。關於前者，今天只要到京都的東寺或是高野山金剛峰寺，就可以看到早上僧侶們送飯菜和茶進御影堂，理由是大師空海只是進入漫長的禪定而已，所以需要供飯和為其打理身邊雜務。尤其是空海金身所在的高野山奧之院，其儀式更是講究地像伺奉活人一樣——在真言宗的說法，空海的確是還「活著」。高野山還會有在奧之院裡入定的空海法衣上發現塵土，表示大師仍然有在找時間雲遊巡視各地的神奇傳說。至於各地流傳的，像是什麼芋頭啦菜頭啦不分給空海吃之後，當地就被「森77」（生氣）的大師斷水斷電（其實是河川乾涸或是從此種不出作物，不過一樣神奇啦）的故事、或是各種神奇的弘法大師拜訪後就變成溫泉盛地的「開湯傳說」，都顯示出空海作為宗教領袖的個人魅力，和其不管是在書道、土木、甚至工藝的全能表現，讓空海本身就成為了庶民的信仰對象。這也是日本常見的「南無大師遍照金剛」信仰精神核心，這種對空海本人的熱烈崇拜，也讓「大師」幾乎成了空海的代名詞——就算日本史上其實有許多獲得大師稱號的高僧。所以從事四國遍路行腳的人們，總是會在頭陀袋或是斗笠、衣物上寫著「同行二人」。這是一種「空海大師正跟自己一同苦行行腳」的宣示和讚嘆，而不是掛著這句標語沿路進燒肉店就第二個人有八折優惠這樣。

回到天台宗。最澄一生以弘揚天台教學為己任，從未有發展出自己教義和世界觀野心，後半生不斷與奈良舊佛教論戰。雖然比叡山幾乎是後世所有佛教宗派祖師的出身地，延曆寺也被稱為是日本佛教的最高聖地，但是最澄本身卻從來沒有被當成信仰的對象。的確，最澄也廣受日本人的尊敬，他所開創的四宗兼學[15]教義，其中的念佛培養出了淨土宗、淨土真宗，禪學則培養了曹洞宗、臨濟宗，法華思想則是培養出了日蓮宗等、發祥於鎌倉時代且盛行至今的教派。不過，最澄卻沒有成為像空海那樣超凡入聖的存在，而是個人格高尚的求道者。今天的延曆寺根本中堂裡，本尊藥師如來前還供奉著號稱從最澄時代以來就傳承至今、從來不曾熄滅的三盞燈籠，這三盞燈籠就是鼎鼎大名的「不滅之法燈」，由歷代弟子們全天照護添油，深怕斷了油會讓這延續了一千多年的鎮山之寶熄滅。據說這就是日文「油斷大敵」（一時疏忽會導致嚴重失敗）的語源，而這個傳說，也反應出最澄和其門人凡事認真的基本性格。最澄曾經在上呈自己教育理念的〈山家學生式〉中這麼說：

「國寶何物？寶道心也。有道心人，名為國寶。故古人言：徑寸十枚，非是國寶。照于一隅。此則國寶。」

十枚的寶玉不算國寶。可以用道心照亮世間某個角落的，才是真正的國寶——從這句話就可以看見最澄這個人的格局和熱忱。〈山家學生式〉還規定了天台宗的育成方式，就是每年國家公認的出家僧侶，一個主修以天台教學為重的「止觀業」，一個主修以真言教學為重的「遮那業」（可見最澄對密教是多麼積極，積極到後來輩分較高的最澄還去向空海請教，請教到被「打槍洗臉」（拒絕）），而這兩個學生的修業年限為十二年，期間一步都不能離開比叡山。這種嚴格的育成方式，至今仍被「籠山行」和「千日回峰行」[16]這兩種挑戰精神肉體的修行繼承下來。

華麗的空海，高潔的最澄。最澄的前半段人生受到天皇家和貴族的強

15 雖然比叡山以天台宗為宗旨，但是並不排斥密教、念佛、戒律等其他佛教元素的宗教方針。

力支持，在很早的階段就得以建造起屬於自己的比叡山佛法堡壘。年輕時的空海卻是出身較為低微，一直像個「野生兒」一般用自己的天賦在求法的路上闖蕩。不過在桓武天皇駕崩、嵯峨天皇即位後情勢為之一變，嵯峨天皇根本是個嚮往先進文化的文青，所以這下寫得一手好字而且文采驚人的空海成了天皇的老師兼文友。雖然空海的真言王國根據地高野山，一直要到他死後才得以成形，不過空海在生前卻也取得京都唯二的官寺之一——東寺，作為宗派據點。相較之下，青年時期就擁有國家資源贊助的最澄，雖然很早就創立了延曆寺，但是在最大的支持者桓武天皇過世之後，就進入了人生的失意期，後半世幾乎消耗在和舊佛教勢力方面的論戰上。不過，這兩人雖然走的道路和理念都不同，卻殊途同歸地一起並列於日本史上最著名的偉人群中。

四、空海與最澄的文化人類學巡檢——延曆寺、東寺、仁和寺

空海和最澄，一生都在為了在平安時代創建新的佛教價值，來抗衡貴族化的舊奈良佛教而奮鬥。但是諷刺的是隨著真言宗和天台宗的歷史和權威增長，這兩個新宗派也開始權貴化、甚至開始軍事化。延曆寺不僅後來成為各個新宗派的發展源頭，還在天台座主[17]良源死後發生嚴重分裂，其中一派下山另創了園城寺。而不管是延曆寺、園城寺或是空海的高野山金剛峰寺，後來都成了擁有武裝勢力「僧兵」，和各種像燈油、紙等民生物資專賣特許權的巨大組織，這也是為什麼後來織田信長要用殘酷手段燒殺比叡山的最大理

16 編註：皆是在比叡山的修行。籠山行是將自己關在山裡、足不出戶專心誦經；千日回峰轉則是指在七年內、花費將近千日在山裡修行，一路上還要一邊念真言，總共拜訪二六〇處聖地。

17 編註：日本天台宗的總本山比叡山延曆寺的住持。

由。最恐怖的是這些寺院不只享受信仰上的權威，而是成為了真正政教合一的結合體。

由於名寺大院僧侶不會有後代，以及地位崇高的特性，天皇家或是藤原氏等貴族開始安排無法繼承大位的次男以下，進入這些大寺為僧。寺院方面也樂於和這些權門交陪，於是造成了皇親國戚進入寺院為僧、而這些僧侶又特別容易出人頭地成為住持的有趣現象。光是延曆寺的歷代天台座主中，就出了後來還俗和父親後醍醐天皇一同作戰的大塔宮親王、室町幕府第六代將軍足利義教。足利義教這位以抽籤這種「神意」決定的將軍，在還俗之後不但沒有對老東家比叡山特別友善，還特別加以修理，導致二十四個延曆寺僧眾憤怒地燒了根本中堂並且自焚。發展到後來，特定由皇親國戚擔任住持的寺院就被稱為「門跡」，例如在二〇一三年因為賣空日經指數而大賺其錢、寺內紙門大膽採用現代藝術家木村英輝畫作而聞名的青蓮院門跡，就是現今仍然由皇族出身者擔任住持、天台宗在京都的重要門跡寺院。

真言宗相較起來，有比較「尊重專業」一點。歷代的真言宗實質法主、也就是東寺長者裡，較少出現將軍家或是天皇貴族的直系血親，不過門跡寺院的起源卻是真言宗的仁和寺。讓位後的宇多上皇在出家後成為史上第一位「法皇」，並且也成為仁和寺的住持。這個在當時破天荒的創舉，讓仁和寺在長久的歷史中，保持著門跡寺院的最高地位。仁和寺作為佛寺，或許就只是個真言宗底下的小寺院。但是從寺院中各處可見、只允許被皇室成員使用的「繧繝文様」——也就是高尚如雲上人般所專用的圖案，就知道其作為「門跡」的特殊地位。這也讓它後來得以其雅號「御室」(貴人的住居)為名，而自成真言宗底下一個分派的總本山。同時國寶建築物金堂中的本尊阿彌陀三尊像，也向來訪者訴說仁和寺的特殊歷史淵源。

一般來說，以大日如來為最高象徵的真言宗寺院，卻以阿彌陀如來為本尊是很少見的。不過這種例外，是因為宇多天皇要紀念供養發願建寺的老爸光孝天皇而安排的，因為據說這尊如來像是以光孝天皇等身大比例刻成。

除了以賞櫻名所聞名的「御室櫻」之外，其作為門跡寺院的偉大文化能量，更創造了日本文化史的兩位天才，就是以陶器聞名的野野村仁清和其弟子尾形乾山。住在仁和寺門前町（寺院前形成的街區，簡單講就是「廟口」）的陶工清右衛門，取仁和寺和自己名字而自號「仁清」，並且開始在自己的陶器作品上署名。所以仁清算是日本第一個「自創品牌」的陶工，他創出的陶工藝術就是有名的「御室燒」，又稱「仁和寺燒」。其弟子尾形乾山也繼承了其優越技術，而將御室燒發揚光大，而且還請自己常常經濟不好的哥哥，在其作品上作畫，他的哥哥名叫尾形光琳。

就是那位曾經臨摹那幅風神雷神像，後世稱為「琳派」的畫派之祖。

歷史悠久的仁和寺當然不乏國寶級的古蹟文物可供參觀，但是御室燒至今仍以「仁秀」之名，留存在今天的仁和寺御室會館而不容錯過。御室會館同時也是仁和寺的宿坊[18]，所以這裡也是個可以夜宿世界文化遺產的最佳地點。

最澄在京都印下的足跡，當然就是北嶺比叡山延曆寺了。在比叡山的延曆寺佔地廣大，以「不滅之法燈」聞名的根本中堂則位於東塔地區。其實說到不滅之法燈，一定有很多朋友想吐槽，就是織田信長既然曾搗平了整個比叡山，那怎麼還有法燈不滅之理？沒錯，現在的法燈是從過去「分燈」出去的山形縣山寺接火過來的。由於山寺的法燈在分燈出來後不曾熄滅，所以後來延曆寺法燈再從分燈借火回來的時候，自然也可以號稱法燈「從未熄滅」。

不過接不接受就看你了。

而另一個西塔地區的中心則是釋迦堂，又名「轉法輪堂」。在織田信長把比叡山「清洗」後，豐臣秀吉硬是從數百年前吵架分家出去的園城寺，拉了座金堂給遷建回來，裡面供奉的釋迦像，據說是最澄親手雕刻作品——看

18　編註：寺廟特別提供予參拜者或觀光客寄宿的住宿設施。

來古代日本的高僧每個都內建了多工功能。釋迦堂也是整個比叡山裡現存最古的建築物。

東塔西塔相隔不遠，但是另一個橫川地區就有點距離了。這個在最澄死後才由入唐學習密教的弟子圓仁開發之地，卻是日本佛教的重要之地。這裡不但是親鸞、日蓮、道元等日後一代宗師們的修行地，也是高僧源信在隱居的惠心院、寫下《往生要集》的日本淨土信仰重要發祥地。這本《往生要集》不但是打造日後日本近兩千萬信眾的淨土信仰重要著作，後來更逆向輸回中國，廣受推崇而成為日本思想文化回輸中國的先驅之一。更重要的，是你必須要來橫川這裡拜見偉大的元三大師。元三大師法號良源，會被稱為元三大師是因為他的生日是元月初三。在紀念這位聽其尊稱起源有點白爛的元三大師堂，除了看來沒那麼特別的元三大師像護符外，還可以入手「角大師」、「鬼大師」、「豆大師」這三種帥氣的護符。

豆大師是三十三個和尚組成的奇特構圖，理由是元三大師是如意輪觀音

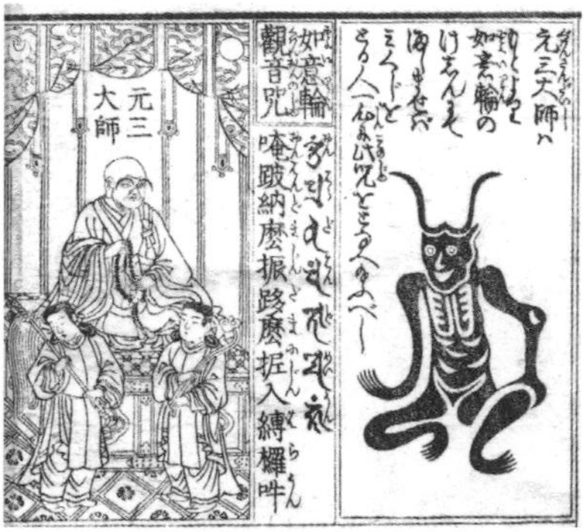

▲ 元三大師與角大師（《天明改正　元三大師御鬮繪抄》一七八五年仙鶴堂發行）

的轉世，而觀音是有三十三種法相變化的。鬼大師則是某年流行傳染病時，瘟神跑來讓元三大師得病，大師覺得這是因緣所以只好平靜接受。想不到瘟神一碰大師就讓大師痛到假死，於是大師發願要解救大眾於疾病痛苦，就化身成鬼的模樣為大家消災解厄，降伏瘟神。鬼大師護符就是出於這樣的由來，所以明明是要消災的卻是印上鬼的形態，而角大師也是出自同樣起源，但是其造形根本是充滿了搖滾精神前衛藝術先驅。不過元三大師最重要的，還是他發明了おみくじ（御神籤），也就是求籤的原型。

感謝元三大師。他不只指引了信徒們人生的方向，還教導了寺院們要怎麼拚經濟。

回到天才空海的密教世界。離今日京都車站也很近的東寺，在平安京創立的當時，和另一間官寺「西寺」一同位在京都的入口——羅城門（就是羅生門）兩旁，以其壯麗的外觀向來訪者展現日本首都的威嚴。今日西寺早已消亡，但東寺卻和京都一同屹立至今。東寺一開始作為官方寺院被建築完成，後來才交給空海管理。所以一開始整個東寺只有金堂這個建築物，裡面供奉的則是藥師如來。這也顯示出了當時國家對於佛教的期待，就是保護國家和讓大人物們身體健康這樣。

所以，拿到東寺經營權的空海，真正發揮其密教世界觀的，是在作為僧侶學習中心的「講堂」。在講堂中供奉的佛像群被稱為「立體曼荼羅」，是世界最早把原本都只畫在掛軸上、用來表現密教中世界觀、也就是眾佛菩薩所在位置的曼荼羅圖，予以立體造像化的偉大創舉。也因為這樣，其實東寺欣賞重點就只有三個。

佛像、佛像、佛像。

不要以為這是開玩笑的廢文。三種佛像真的代表了如來、明王、觀音三種在佛教裡不同的存在。當然嚴格講來，在東寺的佛教還得包括同樣鬼斧神工的天部[19]。講堂的立體曼荼羅，以大日如來為中心而構成，中間是五智如來，左邊是如來們用來教化頑冥不靈者、信奉佛法的憤怒相——「教令輪身」化身的五大明王，右邊則是五大菩薩，周圍則由四大天王和帝釋天、梵天守護。這些據說由空海直接參與製作的佛像群，在平安時代給了人們無比的強烈衝擊。不管是法相莊嚴的如來、或是充滿生命能量的明王，還是法喜充滿的菩薩，甚至是英氣逼人的天王，就算是今天的我們眼中，這些早已失去當時金碧輝煌、燦爛色彩的造型藝術結品，也以另一種帶著歲月的厚重感和神秘氣息，直接重擊我們的感性。就算對於密教教義一知半解，仍然無損

19 編註：指居住於天界者。

於在東寺講堂體驗到的感動。

雖然高野山是空海最具代表性的宗教據點，但是東寺才是空海最直接表達出其宗教思想和世界觀、且大多數建物都由他策劃的佛教建築。東寺正式名稱為「教王護國寺」，意味著教化天皇、保護國家，也訴說空海的東寺在一千多年以來，在京都所擁有的權威性。東寺曾經作為官方的思想中心而盛極一時，也曾因為百姓民變而全寺建築付諸一炬。曾經因為天下風起雲湧、而成為如織田信長等權貴上京時的落腳之地，也曾因為其地利之便、而成為將軍足利尊氏駐軍作戰的戰亂風暴中心。不過因為天災人禍而早已不復創建原貌的東寺，一直能夠在歷劫之後不斷重生，也正好證明了其對於京都不可動搖的代表性。東寺的美，不僅在於它的建築和國寶的數量。

說到建築。雖然京都到處都是佛寺，佛寺裡也從來不缺所謂的X重塔，但是在特殊季節開放夜間參觀的東寺五重塔仍然美得讓人窒息。所謂的塔，其實在原始佛教中就是放置釋迦舍利的地方，而五重剛好代表了佛教中形成世界的五大元素：地、水、火、風、空。而在東寺的五重塔內部除了密教的八大祖師之外，還配置了八大菩薩和四智如來。看到這裡可能你會覺得奇怪，剛剛不是講五智如來嗎怎麼少了一個？

因為五重塔的中心就是大日如來。所有如來和菩薩都圍繞著象徵大日如來的寶塔心柱，而又同時被象徵大日如來的寶塔本身包含在內。這就是密教的世界觀。

當初京都的成立，有一大原因是要脫離寺院勢力的牽制，所以才會從大寺林立的奈良，遷都到當時位於北方的山城地方。也因此當時的規劃京都就只有東、西兩寺，而鎮護京都東北鬼門方向的比叡山，嚴格說來根本不在京都裡面。不過隨著歷史的演變，今天的京都寺院林立，而造成這個現象的，卻諷刺的就是當時屹立於奈良佛教前、與之抗衡的空海和最澄兩人。這兩位個性完全不同、教義也南轅北轍的高僧，卻一手打造出了京都傲人的佛教風景。而科學成為最高價值、政治走向民主為主流的今天，空海和最澄也不再是京都思想上的支配者。但這兩位終生學佛的大師，卻因為某件事，而成為了至今仍然受京都人崇敬的絕對存在。

他們留給京都、留給日本——不，應該說是留給人類的偉大文化遺產。

【第三章】

平安絢爛篇

貴族光輝與庶民生死同居的都城

一、洛東——平安風華背後的陰影

清水寺所在的洛東地區，是我在京都最喜歡的地方。

從洛東的八坂神社和清水寺一帶，可以用走的就走到京都的繁華地四條附近。當然，喜歡這裡不單純是因為此地的名勝離鬧區近的方便性而已。洛東地區是京都最受遊客歡迎的區域，有著名的三十三間堂和京都博物館，還有跟幕府關係密切的湯豆腐料理聖地南禪寺、室町時代的最高文化沙龍銀閣寺。至於洛東的中心，當然就是清水寺和八坂神社所在的祇園地區。對一般觀光客來說，洛東是充滿光華、甚至是有點媚俗吵雜的區域。的確，看看往清水寺的三年坂商家用生硬的中文，對路上的強國遊客們叫賣喊著「里便娃娃日比乙牽快」(日本娃娃日幣一千塊)，或是沿路上一堆興高采烈、覺得自己穿著「和服」，但其實只是加強版浴衣或明治時代優衣庫等級工作服的外國遊客，你只會覺得這裡是樣版化的京都文化遊樂區而已。

但是洛東卻曾經是京都最黑暗的地域。

清水寺成為眾多信眾參拜的靈地歷史悠久，在《源氏物語》的〈夕顏帖〉裡，光源氏送自己十七、八歲時的戀人夕顏最後一程時，就提到清水寺附近此起彼落的誦經聲和參拜客，而光源氏在回程時，也在東山上的觀音像前祈求亡者冥福等等。但是光看這段記載，大部分人只會注意到清水寺悠久的歷史，卻忽略了這段文字背後暗藏的意義——那就是今天人聲鼎沸的清水寺周圍，其實在過去根本就是處理屍體的死者之國。

為什麼用「處理」這個用詞而不講「埋葬」，是有用意的。其實很多人都沒注意到清水寺在上坡道的入口處，有間壯觀的「大谷靈廟」。大谷靈廟旁至今仍是京都少數的巨大墓地群，司馬遼太郎的墳墓也位於此。而大谷靈廟本身，就是日本信眾最多的淨土真宗開宗者親鸞上人的陵墓。

每個城市都是從中心區不斷向外擴張，這點京都當然也不例外。如果觀察一下平安時代的京都地圖，就會發現平安京的東區，最遠是以鴨川為界，要一直到平安時代的末期才有六波羅(幕府官職)等重要機關設在鴨川東岸。從王朝文化全盛期的平安時代以來，鴨川所在的河原地區，就一直是被歧視族群「河原者」的居住地兼死刑的執行地，而過了河原的洛東地區更是充滿了死亡氣息，清水寺所在的「鳥邊野」根本就是過去京都居民風葬之地。

什麼是風葬？簡單講，就是把屍體直接草蓆包一包丟著，甚至直接掛在樹上。

這種聽起來似乎難以想像的葬送儀禮，其實在日本各地、甚至是其他南島地方都有這種習俗。奄美大島和沖繩間的沖永良部島，風葬習俗甚至延續到明治時期。而且明治初年政府下令推薦葬禮改用神道式時，在當地民眾之間，卻因為一個令人吃驚的理由而難以推行。

因為沒錢。

是的。如果要土葬的話，就得準備一筆叫「土公仔」(處理喪儀的人)來挖洞啦、下葬啦的費用，火葬更不得了，雖然「場地費」可能少一點，不過燒人的錢還是得花，而且日本雖說在佛教傳來後就有火葬了，但是要把一個人燒成骨灰，其實還是需要一定的技術，最重要的是木材燃料也是一個花費。儘管是離島地方，但是就連明治維新後都還有這種聲音在，可見平安時代之前的京都會是什麼樣的情形。洛東的鳥邊野不只是亂葬崗，根本是屍臭四溢的魔境。在今天觀光勝地嵐山附近的化野町，據說也是當時另一個風葬地點，要等到大師空海的出現，才有人把遍地的屍首土葬，供養成今天的「化野念佛寺」墓地群。不過，佛教的供養儀式早在奈良時代就傳進日本，所以這個傳說有誇張空海神聖性的可能。不管怎麼樣，我們從這個故事知道，過去的京都的確曾存在著風葬這種節能減碳(?!)的埋葬方式。

至於風葬到底是什麼光景？大家可以看看日本寺院中常見的「九相圖」。所謂的九相圖就是指用連環圖的方式畫出人死後變化的樣子——從屍體產生瓦斯而膨脹、然後腐敗、開始流水流湯接著發爛、各種動物跑來資源回收，最後燒完變成灰燼的過程。為什麼要特地畫出這種噁爛的作品？這可不是什麼古代的日本前衛藝術。從死亡到變成灰的「九相」，明確地記載於《摩訶止觀》等佛教經典，目的是要修行者在瞑思時，體會到人生的無常，想一想，再怎麼樣漂亮的妹仔也是會老會死，最後就發出惡臭滿身蛆蟲，別說要你一親芳澤、根本看了就想吐這樣。藉由這種修行方式，來讓修行者放下對人對物的執著，九相圖就是這種觀念的具像化。

在京都就有兩張有名的九相圖，主角分別是才貌雙全的名媛小野小町，和最高等級的貴婦檀林皇后。小野小町號稱是傾國傾城的絕世美女，在那個沒有媒體的時代卻能成為上流社會的名媛而聞名一時。不過這位才女、美女，最後據說也是帶著老去的容貌，孤獨地在某處死去，讓人不勝唏嘘。而檀林皇后更是桓武天皇的媳婦，身分高貴就不用說了，聽說還氣質出眾、美貌驚人。但是這樣的一位皇后，在晚年仍然落髮為尼，並且為了教導大眾生命的無常、也為了環保愛地球，把肉身施給了動物們食用——簡單說就是貴為皇后之尊，卻留下遺言，交代把自己的遺體丟在大路旁，任由鳥獸啃食屍身腐敗。人死後腐敗的樣子本來就很不堪，再加上把這兩位名媛貴婦作為主角，將其腐爛過程畫成圖畫時，更是讓人受到高反差的衝擊。

當時的清水寺附近，就是無數張的九相圖。

今天我們去到清水寺，許多人都會為了本堂前鬼斧神工的能舞台讚嘆不已。但是卻很少人去思考過，為什麼清水寺非要緊依著懸崖，建造這麼一個高難度的舞台不可。當然，既然名字都叫「舞台」了，所以這裡就是奉納給神明的能樂等藝能表演場地。也有另一種說法，認為這種建在懸崖邊的格局，正好符合佛經裡所描述的觀世音菩薩淨土「補陀落山」的地形。可是如果這個說法成立的話，那不就代表我們應該常常看到這種建在山邊懸崖旁的觀音寺院才對啊？淺草寺也是有名的觀音寺院，就不見他們有這樣的堅持。

針對這點，學者樋口清之有另一個說法：因為清水寺舞台過去有個俗說，就是如果從舞台上往下跳沒死的話，就能夠實現一個願望。就算運氣不好「下課」(過世)了，還是能就此往生去觀音菩薩的淨土。這種穩賺不賠的生意，的確也吸引了許多善男信女想要去一試身手。但去過現場的人就知道，那個高度還真的不是開玩笑的，所以日文裡有一句形容人下定決心的俗語叫「跳下清水寺舞台」。不過舞台高歸高，而且下面就是錦雲溪，但或許因為底下林木茂密，就清水寺的內部統計，江戶時代兩百多件的跳舞台事件中，生還率竟然有百分之八十以上。而樋口的推論跟這個傳說有點關連，那就是舞台真的是設計成要讓人跳的。

只不過，從舞台跳下的都是死人，還都是被人丟下去的。

看到這裡，別又誤會清水寺是什麼古時候的日軍刑場了。不知道為什麼以前小時候在台灣，只要是陰森一點沒人管理的地方，就會有人傳說「那裡以前是日軍的刑場」，好像日本兵吃飽沒事天天都在殺人一樣。長大一點才知道原來以前真的很認真殺人的，是那些告訴我們日本兵天天在殺人的人。樋口指出在平安時代末期這種交通不便、工程也不是很發達的時代，特地建個舞台在懸崖邊的最大理由，就是清水寺的觀音作為洛東這個風葬地區救濟死者的象徵，自然需要一個方便處理屍體又遠離街區，最好也能讓搬運者免受屍臭之苦的地點。而這些需求的答案，最後就是清水寺的檜舞台。

雖然說免去了惡臭和對周圍住民的困擾，但是從觀音菩薩的聖堂被空轉好幾圈拋出去，再華麗地(?)於數十公尺深的溪谷林間著地，好像是個蠻獵奇的人生最終章。

二、六道之辻——冥界的母愛與血汗傳說

過去的京都居民，把鴨川比喻成冥界的三途之川，所以鴨川西邊的三條、四條等地，被當作熱鬧的人世，而鴨川東邊的洛東地區，就是死者之國的冥界。不過死者之國也住了許多和人間富貴無緣的平民們，於是洛東就出現了「六道の辻(六道之辻)」這種地名。顧名思義，位於清水寺不遠處的這個

交叉口，正是當時送葬行列止步的地點，也就是人世與陰間的交界。附近的「轆轤町」，本名為同音的「髑髏町」，看名字也知道當地以前是遍佈屍骨的恐怖之地。這裡不但有平安時代名人小野篁，每晚到冥界協助閻羅大王辦公的入口「六道珍皇寺」，也是著名的幽靈糖傳說發生地。

六道珍皇寺的小野篁傳說，簡單來講就是平安版的包青天故事。這位據說是美女小野小町阿公（或說父親抑或親戚），而且精通漢詩和書法的能幹官僚，同時也是個曾經拒絕到中國出差（遣唐使）而被流放的性情中人。這位仁兄很厲害，不僅白天要在朝廷發揮才幹，晚上還要非常歹賺地到地府去幫閻羅王辦公，而小野篁每晚前往陰間擔任血汗公務員的入口水井，傳說就在六道珍皇寺。雖然這個傳說彰顯了六道之辻作為人世陰間交界的特異性，不過好像也突顯了一千多年前、就有如嵯峨天皇和閻羅大王這種完全不考慮一例一休的慣老闆。像小野篁這樣日也操夜也操，如果他累到晚上在陰間辦公時過勞死的話該怎麼辦啊。

嗯，留在陰間繼續辦公從兼職轉正職。

幽靈糖則是同樣位於六道之辻附近，就在六道珍皇寺不遠處、至今都還繼續營業的一間不起眼小店。這間招牌上寫著「幽靈子育飴」的糖果店，據說已經有四百五十年的歷史，是全日本最古老的糖果店。傳說在江戶時代，有個女性每天晚上都默默地拿著一文錢來買糖，老闆雖然覺得怪怪的但也沒多問什麼。一直到了第七天晚上，老闆在女性離開後，仔細端詳剛剛收到的一文錢，卻發現錢變成了樒樹葉，而樒樹是日本拿來祭祀用的植物。於是老闆偷偷跟蹤出了店門的女性，卻一路跟到了墓地，這位女子的身影也就這樣從墓地消失了。

通常如果是一般人，應該在這時候就嚇到閃尿了。不過老闆還來不及尿褲子，就聽到墓地間傳來嬰兒的嚎啕大哭聲。驚慌的老闆急忙敲墓地旁的寺院大門，把住持叫醒，兩人發現嬰兒的哭聲傳自某墳墓的地下。住持於是命令小和尚們把墳墓挖開，這才發現墓裡的棺桶[1]中，是一具屈坐著的婦人屍體，婦人懷中抱著的正是吃著糖的小嬰兒。天亮後大家找到婦人的丈夫，才知道婦人在懷孕時過世，方才下葬不久。原來婦人是在墓中生下了小孩，雖然早已死亡，但仍不忘母親護子的天性，每夜買糖餵食自己的孩子。每天晚上老闆所收到的一文錢，正是婦人每晚從死者下葬時、掛在身上的陰間買路錢六文錢取下來的。所以第七天老闆會收到榕樹葉，就是因為媽媽為了小孩犧牲自己過陰間的買路錢，但在第六天晚上就已經為了買糖而把錢給花光的關係。這個小孩成長到八歲的時候出家，畢生供養自己的母親、後來也成為一名了不起的高僧。

這就是乍聽毛骨悚然，但同時也充滿慈悲的清水寺周邊逸話。

然後讓我們再次回到清水寺一帶的黑暗面。在從清水寺往附近的八坂神社路上，有個比清水寺三重塔還要壯麗的五重塔。這個位於坂道上的五重塔，常常成為和服體驗觀光客的最佳背景，卻很少人知道這座五重塔並不屬於清水寺，其正式名稱叫做「法觀寺」。法觀寺的歷史悠久，據說可以上推到飛鳥聖德太子時代，而且過去戰國大名進入京都制壓天下時，都有個不成文的慣例：在俗稱「八坂之塔」的五重塔掛上自己的家紋作為印記。但是這座壯觀的五重塔卻曾多次燒毀，第一次在平安時代毀於火災時，原因竟然是清水寺和祇園神社間的大戰。

沒錯，就是大戰。

若是調查清水寺所謂的建寺緣起，寺方會告訴你那是桓武天皇的愛將、征夷大將軍坂上田村麻呂因為要獵鹿而闖進了清水寺境內，被當時還未興建寺院、但已在當地修行的僧侶勸誡不可殺生後，幡然悔改而在此立基等等的故事，不過照世俗一點的講法，清水寺早在京都尚未成為首都的時代，就是奈良方面的東大寺、興福寺等僧侶的「朝山」[2]修練之地。所以清水寺自

1 日本鎌倉時代以後的棺木主流，現在鄉間仍偶爾可見。有一說這種棺材能使屍體採取坐式或打坐姿勢，接近日本「死後即成佛」的思考。

2 編註：佛教僧侶到名山大寺進香、還願。

建寺以來，一直都是奈良系統（大多時候是興福寺）的末寺[3]。不遠處的祇園八坂神社，在神佛習合的時代又叫「祇園感神院」，是屬於天台宗比叡山延曆寺的系統。

最澄創立天台宗的過程，可以說就是一連串和奈良舊佛教間的鬥爭。隨著比叡山的勢力擴大和朝廷的統治力低落，南都（奈良）和北嶺（因為比叡山位於京都東北方）間的紛爭，從單純的嘴炮變成真正帶刀帶槍的幹架。本來同屬奈良系統興福寺旗下的感神院，會「換公司」到比叡山，也是因為械鬥打出來的。祇園原本就除了比叡山的僧兵之外，還擁有自己的神人——為神社服務的週邊族群，包括商業、手工業者、甚至負責清潔和處理不淨的最底層工作者。其中「不淨」也包括了處理屍體、殺生和犯罪者，而負責處理這些最底層工作的族群，特別被稱為「犬神人」。

雖然「犬神人」這名字很難聽，地位也很低，但卻幾乎承包了整個京都的殯葬業和皮革業，甚至因為神社前的營利特權而開始經營金融業。他們也和被稱為「放免」的族群高度重疊，所謂放免就是被京都治安長官檢非違使[4]逮捕後，釋放出來協助維持祇園附近治安的「爪耙子」（奸細、打小報告的人），所以身上都備有武器。因為他們身分實在太低，卻又要跟著神社或是檢非違史一起行動，於是就出現了犬神人蒙面包住整個頭部、只露出眼睛的特異裝扮。而清水寺也擁有同樣狀況的「部隊」，這群人大多從事土公仔等喪葬相關工作，或是寺前的商販，他們因為所居住的地方而被稱為「坂者」。

嗯。作殯葬的兼開店，而且身上有傢伙（武器）然後身分又不高。大家應該不難聯想這個族群的帥氣程度了。

3　編註：從屬於某特定宗派總寺的寺廟。

4　編註：日本律令制下的令外官（臨時官）之一，負責管轄京都的治安和維持民政。

三、犬神人與坂者。神聖與污穢的分歧者

是的。犬神人們和住在清水寺附近山坡地的「坂者」們，幾乎就是後來「部落差別」的原型。「差別」在日文裡就是歧視之意，所謂的「部落民」則泛指江戶時代的「穢多非人」，「部落差別」就是存在於日本社會中，對於特定部落出身人士的歧視。這種歧視不來自於種族、膚色、或是文化語言，很多部落民其實連生活形態也跟一般日本人沒有差異。那麼這種歧視究竟來自於何處？如果「先講結論」的話，就是「不知道」——因為連學界目前也爭議不斷。

當然，如果就日本佛教禁止殺生的思想而論，人們的確會看不起主要以殺生為業的族群而把他們打成賤民。過去日本歷代天皇、法皇也常頒布各種禁止殺生的命令，可是這種說法，難以解釋為什麼獵人的職業沒有被列在遭歧視的族群之中。也有古代史的學者，主張這些賤民是來自古代發動叛亂失

敗，而被剝奪人權之貴族。例如，和高僧空海一同渡唐、被稱為「三筆」[5]之一的史上偉大書法家橘逸勢，在因為政爭被流放之後，真的有其姓氏被強迫改為「非人」的記載。可是，這依然難以解釋，為什麼仍有許多其他政爭失利的貴族血統延續至今，沒有被打為賤民的現象。

總之，部落歧視的起源仍然是個謎團。但是就現狀而言，我們可以知道確實很多部落民原本的職業都是製作盔甲、太鼓、三味線等、需要用到毛皮、需要殺生或是得接觸動物屍體的產業。從地圖分佈來看，受歧視部落大多集中於關西的近畿，以及靠近京都大阪的四國地方，越往東北方向就越少見，甚至還有出身於東北的大學生進了京都大學之後，才第一次在課堂上聽到有關部落歷史的例子。學者網野善彥曾經提出有名的論點，認為部落民的起源來自日本中世紀時的各種「異形」——也就是反抗貴族社會、農耕社會

5　編註：指空海、嵯峨天皇、橘逸勢三位書法家。

主流價值的各種異能族群，比方說性產業的遊女、稚兒[6]，或是以京都河原（沒錯就是今天你去京都很熱鬧的鴨川沿岸附近）為生活根據地，藉處理各種屍體產業為生的毛皮業，甚至是像台灣「土公仔」的殯葬業者。沒錯，就是像清水坂坂者和犬神人，這些住在風葬地區鳥邊野周圍，或多或少靠死人吃飯的族群。

不過關於清水寺附近這些「異形」的起源，我有一些獨特的想像。據說景行天皇在東征之時，從今天的關東和東北帶回了許多俘虜，這些不害怕大和族最忌諱的死穢（當時日本的東北地方是以狩獵畜牧為生業）的俘虜，被安置在首都附近，卻因為「不守禮節而且吵雜暴躁」，被移到了播磨、讚岐、伊予、安藝、阿波等地居住，大師空海出身的佐伯氏，就是被派到當地管理這些俘虜的地方豪族。而俘虜一開始會被帶到首都附近，據說原本就是打算把這些人當作伊勢神宮的奴僕。

或許後來中世的異形們，就是文化語言被同化的俘虜後代吧。今天我們到祇園神社前參觀熱鬧的門前町街道，或是車水馬龍遊客不絕、大賺一筆的清水寺坂道，都絕對沒辦法把這些風景，和「賤民」兩個字聯想在一起。但是這些人最少拿到了「經濟力」這項武器，同樣是賤民起源之一的「河原眾」，很多就沒這麼幸運，至今還群居在京都幾個相對落後的部落地區裡。

總之，這些「基層人士」參與了祇園和清水寺間的鬥爭。一開始是源自某個比叡山出家的和尚、被派去當清水寺的「別當」（類似住持），而這個人事安排其實是日本史上少見的獨裁者之一——白河法皇屬意的酬庸。結果興福寺大為不爽，就讓一群僧眾抬了神轎進京都來訴願。當然他們不是去皇居前的陳抗區罵罵政府無能就算了，一大群人浩浩蕩蕩到了比叡山系統的祇園神社，找了幾個犬神人把人家打了個半死。然後犬神人當然也不是好吃的水果（軟柿子），馬上「是兄弟的就清水寺前集合」，把清水寺還有附近的所有建築物都燒了，也包括跟兩邊幹架根本沒關係、只是衰小建在八坂道上的法觀

6 編註：古代在日本寺廟裡修行的少年兒童，往往成為寺廟內為僧侶提供性侍奉的孌童，因此也意指年輕的男妓。

寺五重塔。清水寺和祇園寺間的鬥爭，也被稱為「奈良坂清水坂兩宿非人爭論」，從平安到戰國時代，清水寺被「燒打」(火攻)了無數次，但我們眼中只看到壯麗輝煌的清水寺，殊不知伽藍(寺院)建築上的亮紅，其實藏著歷史鮮血的顏色。

清水寺所在地附近後來也被稱為「六波羅」地區，這裡也是權傾一時的平家一族聚居之地。儘管後來平家在平清盛領導下，幾乎拿下日本一半以上的統治權，然而以殺戮為業的平家武士，就算成為了新的達官顯貴，卻還是居住在過去曝屍和械鬥的陰森地帶。這也可以說是在平安貴族文化風雅的背後，一種帶著歷史深度的厚重陰影吧。

四、宇治的藤原家，華麗的王朝寄生一族

當然，清水寺帶著腐臭味的陰暗形象，早在平安中期就開始式微，平家進駐六波羅地區時，就已經連後白河上皇都把隱居地設在這裡，平清盛也在此地為上皇興建了著名的蓮華王院，也就是三十三間堂。平安時代是日本的一個轉折期。如果說室町時代因為足利義政這個文化人將軍的出現，而讓禮儀、住居、藝能等日本傳統文化成型的話，那麼平安時代就是讓日本「真正成為日本」的時代。因為大唐本身陷入混亂，再加上遣唐使天文數字般的花費和驚人的死傷率，所以在「學問之神」菅原道真建議下，日本停止了遣唐使這種從中國吸收文化養分的國家工程。至此，日本反而因此開始孕育出真正屬於自己風格的文化特質，這些特質有好有壞，其中以藤原家為代表的貴族文化便是一種體現。

嚴格說來，所謂的貴族其實包括了天皇家等皇親國戚。但是這裡所說的

日本貴族，在日文裡稱為「公家」，也就是藤原家所代表的朝廷中的「人臣」們所共有的文化。而藤原家更是從神話時代，就決定了一族註定要當天皇家員工的宿命，因為藤原家出自於有名的中臣氏，其始祖就是在天孫降臨時，和天照大神的直系子孫一同來到日本的天兒屋命，也就是春日大明神。從原姓中臣的不比等開始，歷代改稱藤原氏之後，就形成了原來的中臣氏繼續擔任各大神職，藤原系統則成為政界核心的情況。對藤原家來說，這種與生俱來的高貴身分，可以說是幸運也是詛咒。

因為從神話時代起，就決定了藤原家與天皇家無比接近、卻又「絕對不是天皇家一員」的宿命。

京都的宇治，是最完整訴說藤原家光輝歷史的地方。不管是紫式部所寫的《源氏物語》中，淒美無常的「宇治十帖」，或是藤原家榮華的象徵平等院鳳凰堂，都位於這個京都南方的市郊區域。宇治可以說是展現了藤原氏所代表的王朝文化精華，因為這個理論上離京都市區有點距離的「鄉下地方」，正是當時名門貴族們建立別莊的最佳地點。訴說藤原氏過去絕代風華的平等院鳳凰堂，當然是宇治的代表性名勝，但是其實在步行約十五分鐘遠的山坡上，有著另一個不起眼的世界文化遺產上宇治神社。有研究指出上宇治神社的起建年代，幾乎等同於平等院鳳凰堂，而且這個知名度遠遠不及的小神社，卻也同時訴說著藤原家榮華背後，一絲絲美中不足的無奈。

上宇治神社被列入世界文化遺產的理由，是它保有了日本現今最古老的神社建築。但是所謂的「最古老」，其實也只是指跟平等院差不多的平安末期而已。這一方面再次告訴我們，以「生命力」和「再生」為最高價值的神道，並不像寺院般重視古拙美感的事實，一方面也驗證了神道連「神社」這種建築，可能都是受到佛教建築文化影響後才有的產物。所以就算神道是日本的固有信仰，但神社建築本身的歷史卻不像其作為信仰般那麼久遠。回過頭來看，這座神社的主神菟道稚郎子，是應神天皇的皇子，宇治這裡據說也是應神天皇的離宮所在。本來應神天皇屬意菟道稚郎子繼承皇位，離宮也在應神天皇死後，成為皇子的住居，不過皇子卻禮讓兄長而不願即位，最後甚至自絕生命，才讓兄弟無奈登基，也因為這樣的人德，才成為守護宇治當地的祭神。

應神天皇在神道裡就是俗稱的八幡神、也是後來的八幡大菩薩。其子菟道稚郎子死後也成為了神明，雖然沒有像老爸應神天皇那樣的全國知名度，但是在以他為主神的宇治上神社裡，藤原家的氏神春日大明神，也只能乖乖地待在旁邊的攝社[7]裡當陪賓——就算在俗世間藤原家早已奪去天皇家的實權，但是遠在天孫降臨的時代，神話傳說已決定了藤原家再怎麼樣，都只能是天照大神子孫們的臣下。

日本有「源平藤橘」四大姓，像「德川」、「足利」、「毛利」這些其實都是後來冠上地名的「氏」，這些氏族本來的根源都(或自稱)來自這四大姓。然而四大姓中，源、平、橘都是出自原本的皇族，經「臣籍下降」，也就是從沒有姓氏的天皇家分支出來的旁系，經由賜姓之後將身分轉換成可在朝廷任官的人臣。簡單來說，他們原本的血緣都可以上溯到某個天皇的後代。這也是為什麼以源賴朝為代表的武士貴族們，會以八幡神作為主神，因為這不僅凝聚武士們的向心力，祭拜應神天皇化身、和伊勢神宮同列天皇家祖廟的八幡神，這種舉措也是一種「我們跟天皇家是同祖先」的宣示。

但是藤原家不行。講難聽點，藤原家從神話時代開始，就是天皇家的奴僕身分。

藤原家的起源始自有才能的官僚——中臣鎌足被賜姓「藤原鎌足」。這位能臣推動了「大化改新」，一生為天智天皇和日本服務，但其死後，天智天皇系統與其弟天武天皇系統發生抗爭，結果天智天皇系統被排除於皇統之外。中臣家當然因此被掃到風颱尾（被牽連）而遠離了權力中心，但是鎌足之子藤原不比等，卻再次憑藉一己之才，重新進入權力核心，而且以「奴僕」的

7 編註：從屬於神社的本社之外、並受該神社管理的小型神社。

身分，慢慢開始掌握朝政。他的方法也很簡單。

就是讓天皇叫自己阿公就可以了。

這個聽起來莫名其妙的方法，就是藤原不比等想辦法把自己支持的皇子推上了天皇位，再把自己的女兒嫁給這位自己挺出來的天皇。女兒女婿生出來的小朋友後來也繼位了，就是後來鼎鼎有名、建造奈良東大寺的聖武天皇。所以儘管藤原家仍然是聖武天皇的「奴僕」，可是聖武天皇卻得叫不比等「阿公」。而且藤原家在朝為官的，通通都是天皇的舅舅們。如果只是這樣那也沒什麼了不起，畢竟靠外戚之力作威作福的家族不勝枚舉。接下來發生的事情才是藤原家真正的帥氣表現。

聖武天皇的舅舅們，也就是不比等的四個兒子們，竟然把自己的妹妹嫁給了聖武天皇。沒錯，就是把親阿姨嫁給外甥。而且聖武天皇的媽媽「入內」[8]時還不是正宮，這次聖武天皇的「親阿姨」（雖然其實年紀一樣大）光明子，可是史上第一個非王族的「人臣皇后」。也就是說「奴僕」身分的藤原家，用聯姻的方式打破了天皇家的血統之牆。不比等的四個兒子分別組成了「南」「北」「式」「京」四個藤原家族，其中藤原北家更是用這種「阿公戰術」牢牢握住了王朝的權力核心。創建平安京的桓武天皇之子嵯峨天皇還被迫使用「臣籍下降」這種大絕招，創建源氏，讓身分較為低微的皇族可以入朝任官，想要打破藤原家獨佔朝廷要職的局面。

但是，藤原北家的嫡系藤原良房，卻仍然用這種戰術再加上本身的才幹，當上了原本只限皇族才能擔任的「攝政」。良房的養子基經的時代，更是強行增設了律令體制中沒有的官位——也就是黑官「關白」。關白就像很多人所知道的後世、豐臣秀吉的故事一般，雖為「令外之官」，卻是整個朝廷裡幾乎把天皇架空的頂點。以這種嫁女兒生天皇的寄生蟲戰術，藤原家達成了完全掌握實權的「攝關體制」偉業。因為不管是攝政或是關白，其本

8 編註：指女子嫁進宮中成為天皇妻子。

意都是「天皇代理」——就算天皇明明坐在那裡好好的，但是實際上朝廷運作，就是落在藤原家手上進行。

之前不比等的兩個女兒分別嫁給兩代天皇已經夠離譜了。但是堅守「阿公戰術」的藤原家，在達成了攝關政治這種幾近獵奇的通婚手段打造出來的奇怪權力後，在藤原道長成為藤原大家長的時代，又到達了另一個高峰。那就是「一家立三后」。

藤原道長的三個女兒嫁給了三代天皇[9]，這三代天皇是堂兄弟和親生父子的組合。

也就是說，當第三個女兒出嫁的時候，對方是她的親外甥。而且女的大男的九歲。藤原家的權勢在道長時代達到高峰，讓他曾經高唱「世間如吾物，完美如明月」（この世をばわが世とぞ思ふ望月の欠けたることのなしと思へば）這種中二度爆表的和歌——如果是你，願意用這樣的手段來換得榮華富貴嗎？

但就算是這樣任性的富二代（？），老了之後也受疾病所苦，開始思考死後的世界。道長因此篤信佛教中的淨土法門，甚至在臨死前用紅線把九尊阿彌陀如來像的手，和自己的手綁在一起，希望阿彌陀如來能帶領自己往生極樂世界而死去。這位先生不只生前任性，連要死了都希望繼續任性爽快下去。道長生前在宇治的別莊，也在死後由兒子賴通繼承改建成寺院，而且還忠實延續了藤原道長的往生極樂大願。平等院鳳凰堂被淨土式庭園包圍著，本堂裡則是金碧輝煌、出自著名佛師定朝之手的阿彌陀如來像，本堂裡牆上和天花板則是安置了五十二尊的雲中供養菩薩，與中間的阿彌陀如來一起營造出現世的極樂淨土。

這個被列為國寶、也是今天日本十元硬幣背後圖案的壯麗建築物，見證了藤原家不可一世的權勢和風華，卻同時也訴說著人世的無常和哀愁。鳳凰堂落成於藤原家的極盛時代，但是藤原家的當主藤原賴通雖然也同樣把女兒

9 編註：指藤原道長的女兒藤原彰子、藤原姸子與藤原威子，分別嫁給一條天皇、三條天皇、後一條天皇。

嫁給天皇，卻沒有生下可以繼承皇位的皇子。於是失去天皇外祖父地位的藤原家，就像佛法講的無常一般，開始從極度的榮華富貴走向衰敗之路。藤原家的長者沒有辦法再利用「天皇外祖父」的身分干涉政治，另一方面被藤原家牽著鼻子走了快兩百年的天皇家，出現了一位後來也權傾一時的獨裁者白河法皇。

白河法皇對抗藤原家的方法也很簡單，就是退位之後讓自己的兒子、孫子甚至曾孫當天皇，然後自己則以天皇的老爸、阿公、阿祖身分直接控制朝廷。搞到後來日本出現了「治天之君」這種稱號，所謂治天指的不是治理天下而是「治理天皇」，一個朝廷可以先是因為臣子是天皇阿公，所以能夠對天皇大聲，接下來又變成朝廷裡最大的不是天皇，而是「當過天皇的天皇阿爸阿公阿祖」，也算是夠讓人啼笑皆非了。

當時會流行所謂的淨土信仰，正是因為被這些莫名其妙所催化出來的「末法思想」的盛行。末法思想簡單來說，就是釋迦死後的五百至一千年間，佛法仍然被正確地傳達，修行者也可以因之成佛，稱為「正法時代」；接下來佛法的修行趨於形式化，進入即便有修行者但卻難以開悟的「像法時代」；最後一個最慘的就是正確的佛法消失，所有的修行者都是假藉佛之名在作亂害人的「末法時代」。根據當時的計算方式，平安時代末期正好就是末法時代，而動亂的時局、武士的崛起和平民力量的抬頭，也的確讓世人有這種「現在社會真亂、世界大概完了」的恐懼。

結果末法時代世界並沒有GG，只證實了每個時代都會有不斷在靠北現代，然後無條件美化過去的人種而已。

先前提到平等院原本是藤原道長的別莊，而「莊園」（不是某大師！）這種制度其實就是當時的達官顯貴拿來強暴國家財政的。因為律令制的基本精神是公地公民（土地人民皆歸國有），雖然這種違反人類追求私有財產天性的制度，並沒有在日本持續太久，但是最初開墾出來的私有地，要繳稅或是納入國家管理變成公有地，在律令制下好像是天經地義。

然而，藤原家卻強詞奪理地想出了「莊園」這個名詞，意思就是這不是農地，是別莊是渡假村，所以沒有收成，不必繳稅，最後甚至就因為是私有財產，所以公務人員不得進入。這種特權叫作「不輸不入」（不繳稅不給進），藤原家明明掌握了國家最高權力，結果卻只在乎自己一族的榮達，最後還墮落到連天皇家都開始有莊園。墾荒的武士們為了防止自己辛苦開拓出來的土地被公務員們藉機充公，於是發展出更畸形的慣例，忍痛把開墾出來的土地獻給藤原貴族們當莊園，然後自己再跟藤原家拆帳分收入，以免土地被充公什麼都不剩。

沒錯，就是「插乾股」（不出資卻獲得股份）。

時間久了當然武士們會受不了。實際上就在平安時代末期，武士們開始反撲，遂出現了像平清盛這樣武士出身，但是最後掌握整個國家的新興勢力，徹底讓這群原本吃香喝辣的公家們，後來只能和天皇一起成為京都上流社會的裝飾品，開啟了武士直接掌握政治的七百年武家時代。

是的。就是那群過去幾乎不被公家當人，連在京都擁有一定勢力之後、都還只能群居在過去風葬地帶六波羅地區的平家武士。

描寫平家一族從崛起到極盛、最後快速衰亡的《平家物語》中，開頭一段就是「祇園精舍的鐘聲有諸行無常之響，沙羅雙樹的花色顯盛者必衰之理」。但是其實在平家從京都六波羅以武士之姿，取代貴族成為權門，又快速地灰飛煙滅之前，藤原家早就為世間作了完美的「盛者必衰」示範。

鳳凰堂也跟藤原家有一樣的命運，日後多次飽受戰火摧殘，甚至還成為名將楠木正成與幕府將軍足利尊氏間的決戰場。幸運的是鳳凰堂仍奇蹟般地得以保存下來，但是過去真言密教色彩較濃的不動堂、五大堂卻都被破壞殆盡，讓大家誤解鳳凰堂一直只是個淨土宗寺院。但是其實平等院自江戶時代以來，就在幕府的判定下，由天台宗和淨土宗共同管理至今。不過，無論如何我們好像都該感謝藤原家這般華麗的胡搞瞎搞，才得以讓日本出現獨特的武家政權，更讓日本真正成為和朝鮮、中國等漢字圈集團截然不同的國家。

同時也感謝藤原家，除了為日本留下精美的十元硬幣圖案藍本外，還用自身的命運來向世人印證，得以永恆留存至今的眩目之美，背後一定有著缺憾和讓人唏噓的無常。

五、平安光影的文化人類學巡檢——清水寺、平等院鳳凰堂、上宇治神社

平安時代在日本被認為是一個很無趣的時代。所謂的無趣，是今天我們看平安時代就是部貴族間勾心鬥角的歷史，而且最討厭的是這些貴族名字都很像，搞到後來誰是誰的老杯、誰和誰是兄弟姐妹都搞不清楚，而且貴族和皇族間還會近親通婚，畫起家系圖來，根本可以直接拿來玩迷宮遊戲。比較讓人覺得熱血沸騰、拿起傢伙直接硬碰硬的戰亂，除了反亂的東國之雄平將

門之外，就要等到平安末期的源平決戰了。可是就算進到戰爭時期，大家名字還是長得差不多，連武士都是平清盛平重盛平敦盛、源義朝源賴朝源為朝源為義……讓人搞不清楚。所以平安時代的故事只要改編成大河劇，通常都是票房毒藥的保證。近年創下大河劇單回最低收視率的「平清盛」就是最好的例子。

不過這個乏味的時代，在文化上卻有著偉大的成就，因為貴族文化在京都營造出了洛東跟宇治、這兩個極具代表性的地區。

我們就來走一趟體驗王朝文化美感的平安京巡檢。洛東根本是文化人類學、也是深度觀光的精華區。由於後來京都市中心的位移，造成這個過去的京都市郊，現在卻成為交通和商業發達的地區。不管是坂本龍馬長眠的靈山護國神社、或是淨土真宗祖師親鸞的兩個靈廟——大谷本廟和大谷祖廟，還是以巨大的除夜鐘、宏偉的三門著名的知恩院都在這個區域。甚至是以雙龍圖天花板聞名的建仁寺、青蓮寺門跡這兩個藝術成就極高的寺院，或是後面會再特別提到的豐國神社、方廣寺這個無念之地，以及著名的三十三間堂也都處在廣義的洛東地區。

許多人對於京都「充滿寺社和古蹟」的印象，其實就是現在洛東地區的寫照。從清水寺出發，一定不能錯過的是壯麗的平安式寢殿造建築。寢殿造是平安時代作為貴族住居的建築形式，特徵就是高床式地板和檜木皮屋頂。除了知名的壯觀能舞台和下方的音羽瀑布外，想求良緣的肥宅們千萬別忘了到境內的地主神社，拜一下把妹神人大國主神。而清水寺隨求堂特殊的「胎內巡り」[10]更是不能錯過。這個把隨求堂地下當作菩薩本尊胎內，繞行一圈之後就讓人彷彿感覺如同重生的三十八公尺長「完全黑暗」的路徑，不管你信不信佛都該嘗試一番。

等你出來再次望見陽光的時候，一定會變得更珍惜生命。

清水寺的本尊觀音菩薩是屬於所謂密佛，想要參拜得看有沒有「特別拜觀」的緣分。不過如果有機會入內陣[11]參拜，裡面的護法二十八部眾像，絕對是足以讓你嘆為觀止的造型藝術。在內陣有如古代夜間燭光的昏暗照明下，你會發現原來佛像在這種光線環境下是如此栩栩如生，也難怪會有無數的人，把這些人類刻的木像當成信仰的對象了。而白天已經如此迷人的清水寺，到了夜晚特別拜觀時，更是會讓人彷彿真的到了觀音菩薩的美麗淨土。從清水寺投射到天空的「觀音慈悲光」也已經成了京都夏夜的新風景。

離開清水寺，過去被歧視的「坂者」們所居住的居住地，今天已經成了最精華的觀光商業區。千萬別忘了參訪法觀寺的八坂之塔，不過這座重建至今近六百年歷史的五重塔，它的開放時間真的有點率性。在古意盎然的坂道區漫步，最後就會走到過去名為祇園感神院的八坂神社。這間著名的神社其實來歷頗為有趣，雖然因為藝伎的聖地祇園就在旁邊，所以這裡很受台灣人的歡迎，但是很多人實際上並不知道，如果從台灣傳統的角度來看，這裡是

10 編註：胎內環遊。胎內就是子宮之意。
11 編註：指神社本殿或佛寺本堂深處安置神體或佛像本尊的地方。

一間「出身複雜」的神社。

八坂神社的壯麗西樓門，其實並不是它的正門，不過一般人講到這裡，最有印象的應該就是這座具有五百多年歷史的紅白色樓門了。據說它有著不會長蜘蛛絲、也不會有雨水漬的神奇傳說。由於其所在位置，所以境內永遠掛滿了由附近祇園「娛樂場所」的從業人員們奉納的燈籠。加上「祇園造」這種、只在這裡看得到的獨特神社建築樣式，如果就感官上而言，八坂神社的美是無庸置疑的。但是沒有蜘蛛絲和水漬，是因為「神聖」嗎？

某種意義上來講這裡是神秘的未知能量集合地。

之所以說它複雜，首先是現在早已聞名國際的「祇園祭」的主體，一直都是由京都的有錢商人、也就是「町眾」們運行至今，但是其中很大的主力是祇園門前町的居民們，也就是過去的神人、甚至犬神人。昔日的被歧視階級，後來成了今天我們羨慕的日本盛事主導者們。更複雜的一點，是從「祇園造」這種造型複雜的神社建築，就可以看出來的。祇園造極度接近寺院的建築風格，也證明了這裡雖然名為「神社」，但是其創建背景就是神道和佛教習合的總成。所謂的「祇園」即是釋迦在印度的說法之地，而祇園的守護神則是牛頭天王，也就是八坂神社的主神。在日本，他被視為是藥師如來的化身，也被當作和天照大神的弟弟素盞嗚尊的同一存在。

問題是牛頭天王是瘟神。日本神話裡的素盞嗚尊也是個問題兒童。

八坂神社的起源有許多種說法，但是都脫離不了以上兩位的存在。而祇園祭的出現，本來就是為了要祈求京都殺人無數的瘟疫平息。因為牛頭天王在日本民話中是個武力高強但是長得很醜的王子，在出發去娶遠國公主的路上，要借住在名為巨旦將來的有錢人家時被打槍(拒絕)，不過巨旦的哥哥蘇民將來雖然魯蛇一枚，卻熱情地接待牛頭天王。牛頭天王在啟程前道了謝，並向蘇民將來表明身分，然後還放話「這條一定會好好算」，但是念在蘇民是好人所以會放過他的家人。後來平安抵達異國也成功娶了公主的牛頭天王，就在回程的途中順便把巨旦將來一族用傳染病全幹掉了。但是蘇民將來的家人們，因為都在門口掛了「蘇民將來子孫也」的護符，而得以平安渡過這場浩劫。

這就是今天祇園祭前後，八坂神社所發的護符起源。

京都是個盆地，所以冬天時吹進京都的冷風積於地面，而造就了京都特殊的「底冷え」[12]這種超冷現象，也因為同樣原理，在夏天這裡則是熱得要死。所以在衛生條件不佳的過去，京都很容易發生瘟疫，每當發生時就死一大堆人。某次曾經的大瘟疫流行時，甚至人死到來不及處理，之前提到的仁和寺僧侶隆曉，只好在被隨地丟棄的屍體額頭上寫上梵文「阿」，作為臨時的供養手段。隆曉寫到差點手軟，因為他在兩個月的時間裡實在寫了太多次「阿」字了。

他寫了四萬二千三百多次。

別忘了我們是在說平安時代的京都。同樣在古典文學《方丈記》中，也寫到京都瘟疫流行時屍臭四溢的駭人慘狀。甚至還有媽媽已經死掉發臭，

「阿」的梵文。

結果小朋友還不知道，一直吸著媽媽母奶的悲慘描寫。對於這種天災，當時的京都人認為這是怨靈的作祟。而既然牛頭天王是瘟神的BOSS，於是就在祇園這裡舉辦「御靈會」，安撫這些怨靈希望能讓瘟疫平息。也因為牛頭天王的武人性格，所以會在舉辦御靈會的時候，立起六十六支的「鉾」，也就是長矛來祈求除災。這也是為什麼我們看到祇園祭時出來巡行、像裝了輪子的神轎般的載具——一般在日本其他祭典都稱為「山車」——在祇園祭卻被稱為「鉾」的理由了。因為那些車還真的本來就只是一根根長矛，只是因為後來祭典越來越盛大，主辦的町眾越來越有經濟力，不斷在長矛上添加各種裝飾物，越加越多之後就真的變成一台台山車，只是仍然

12 編註：內陸型盆地地形特有的氣候特徵，冬季時冷空氣在盆地底部下沉，使得寒氣由腳底竄上，使得體感溫度特別刺骨。

保持著「鉾」這個名字。至今最具代表性，也就是上面會站著扮演神明使者的稚兒、於巡行時永遠第一部出發的「長刀鉾」，其名稱更是這個傳承的最佳寫照。

所以，不被昆蟲和雨水沾污的西樓門，到底是因為神社的清淨，還是因為這裡過去曾是怨靈大集合的「御靈會」舉辦場所，就看你怎麼想像了。

離開祇園，進入六波羅地區。除了參觀小野篁夜間下地府辦公、也是過去送葬隊伍折返的陰陽交界六道珍皇寺，以及去看看小野篁的木像，和傳說中他到地府打工的入口水井之外，也順便到訪幽靈子育飴這間數百年的老店吧。以麥芽為原料的幽靈糖甜而不膩，至今仍被許多京都人拿來送禮，祝人家小朋友平安長大，或是母親育兒順利。買完幽靈糖，一定要到文化史上極為重要，和清水寺同樣以觀音作為本尊、但現場遊客數卻往往和前者無法相比的六波羅蜜寺一趟。因為這裡就是有名的空也上人像所在地。

是的。就是那個常常被COSER拿來出角(動漫愛好者的角色扮演)、嘴裡吐出六個小阿彌陀佛的和尚木像。

以空也這位一生遊歷市井、以救濟一般百姓為志的高僧為主題的木像，由於實在太過獨特，而在日本知名度極高。從嘴巴部分用鐵線固定住的六個小佛像，代表「南無阿彌陀佛」六字，簡單地說，就是時下把念佛這個行為具像化的前衛藝術。空也像已經夠讓人震撼了，但是你一定要看看這裡的平清盛像，試著與他哀愁和瘋狂交織的眼神對望。

在一般的文學作品或是劇曲中，平清盛都被描寫成是得意忘形、仗勢欺人的典型惡人。但是這裡的平清盛像是晚年已經剃髮出家的僧形，閱讀佛經的姿態和清瘦而虛弱的形貌，明顯是以晚期各地反平家勢力蜂起、讓平家一族四面楚歌，雖然獨攬大權卻開始出現無力感、又同時被病魔折磨的蒼老梟雄為形象。六波羅曾經一度是屍骨遍地的送葬地，後來成為平家這種「出身低賤」的武人集團聚居地，而一時「千棟房屋軒格相連」，最後又回歸原點，化作鬧市清水寺旁的平靜一角。這尊平清盛木像的神韻，完美展現了這般人世間的諸行無常。

離開六波羅約兩公里處，就是平清盛為一生的朋友、同時也是宿敵的後白河上皇所建的三十三間堂。這裡的佛像和建築都是造型及建築藝術的寶庫，作為成人儀式的「通し矢」弓道大會，也是聞名的傳統活動。平家的繁華，和平清盛與後白河間的恩怨情仇都已化為清煙，但偉大的文化資產，卻作為這些人曾經努力活著的見證，存留至今豐富我們的心靈。

諸行或許無常。但是只要有心，似乎還是有一些美麗可以永久流傳的。

相較於悲歡離合交雜的洛東，現在仍然是京都著名綠茶產地的宇治，或許就多了一點典雅的風格。上宇治神社並不起眼，甚至很多人會跟山坡路上先抵達的宇治神社搞混。但是這不起眼的神社的的確確是世界文化遺產，原因就在它保存了日本最古老的神社建築。在這裡可以看到神道受佛教影響、而開始有「社」這個概念產生時的建築原型。拜殿（神職舉行儀式和信者參拜處）保留了平安時代貴族住居的「寢殿造」，而一般人不得進入的神明所在處、也就是本殿的「流造」（有曲度的屋頂造型）更是受到佛教建築影響的早期神社造型原型，和伊勢神宮等仿造日本傳統部族首長住居的「神明造」大不相同。最有趣的是「宇治」這個地名，其實原本的讀音據說來自於「兔道」，所以在上宇治神社所求的神籤，全都是裝在兔子造型的可愛容器裡。另外過去的「宇治七名水」中，唯一現存的名泉桐原水也在這裡，現在仍然有人會飲用這個至今仍不斷湧出的名泉。

但是飲用的後果要自己負責就是了。

在沿路上的源氏物語博物館，參觀以各種模型和展示重現的平安貴族優雅日常之後，就得到成為十元硬幣圖案的平等院鳳凰堂朝聖了。在淨土式庭園中間的平等院、也就是阿彌陀堂建築，經得起你從各種角度的鑑賞——雖然說平安時代建立的本堂，能夠留存到現代本身就是一種值得驚嘆的奇景。在這裡，隨便一個角度就是可以入畫的風景。而本堂裡由偉大佛像師定朝，用「寄木造」，也就是多根原木相接組成的技術刻成的阿彌陀如來，更是日本開始脫離中國、朝鮮等大陸影響，創建出獨特日本風格的國寶佛像。隨侍在本堂四周的五十二尊雲中供養菩薩，有許多被移到平等院的寶物館「鳳翔館」展示。鳳翔館裡獨特的投影燈光設計，讓我們眼前的菩薩似乎不再是木刻的死物，成為活生生漫步在雲端的極樂世界住人。而平等院前的六角石燈籠，乍看之下似乎和京都四處林立的石燈籠沒有太大差異，但從職人的角度來看卻是極具代表性的最高傑作。

不過這個重現於人間的極樂淨土，也曾被無奈的戰火蹂躪過。

在應仁之亂這個開啟戰國時代的大亂中，平等院也受到了極大的打擊。不過在那之前，南北朝時代大戰的兩個主角，室町幕府將軍足利尊氏和日本戰前的大忠臣代表「大楠公」楠木正成就曾在這裡交鋒過。當時一度落敗逃到九州、卻又受到武士強大支持而重整旗鼓，揮軍向京都的任性帝王後醍醐天皇挑戰的足利尊氏，在宇治這個京都的入口遇上了天皇軍的戰神楠木正成。楠木正成果斷地燒光了除了觀音堂和阿彌陀堂以外的宇治一帶的建築物，用焦土政策擋住了足利軍，並用焚毀的建築廢材搭起一個要塞。結果人數大佔優勢的足利尊氏遇上善戰的楠木正成，也只好繞道從別處打進京都。面對這樣的劣勢，楠木進言要天皇暫時離開京都，目的就是要讓足利大軍進入沒有生產能力的京都後，用包圍戰術讓足利軍枯死在山城地方這個盆地裡。然而這個必勝的策略，被沒有實戰經驗的貴族公家坊門清忠斥退，理由是「天皇隨便遷幸根本丟人現眼」。結果楠木正成只好以少數兵力出戰而戰死，最後後醍醐天皇仍然被迫離開京都，也再沒有活著回歸這個屬於他的皇城。

而坊門清忠和建立平等院的藤原賴通，同樣出身於藤原北家。

或許，這也算是貴族對武士們毀掉偉人的公家文化遺產的一種報復吧，雖然這樣的說法實在帶了太多的宿命論。不過體現在這個貴族聖地的公家和武士間的糾葛不只這件。其實更早之前，源平間的大戰就曾延燒到這裡。平等院當然本身是貴族文化的象徵，而構居於洛東的第一個武士王者平清盛，就是武士壓倒公家的始作俑者。在平等院境內的角落，其實有位名為源賴政的武士墓所。源賴政一直參與了平安末期間的皇室間鬥爭而出人頭地，成為和六波羅的平家一族共享大權的少數源氏武士。最後卻在平家擅權的時代裡，因為接受了來自皇家對於平家的追討令而起兵，在平等院和平清盛一族的大軍決戰後不敵，於境內切腹和皇族以仁王一起死在宇治。但是源賴政最著名的事蹟，便非傳說中的「鵺退治」莫屬了。

某日，病弱的近衛天皇似乎被什麼魔物作祟而臥病在床。當時的源氏棟樑源義家在拉弓三次嚇退病魔之後，天皇雖然病情有了好轉，但是源義家仍然派了源賴政繼續守護大內。某晚，源賴政聽到了奇怪的叫聲，不久後就在一陣黑煙中發現了一隻猴頭狸身、四肢像老虎而尾巴像蛇的怪物。源賴政馬上用傳承自祖先的強弓，射死了這隻四不像怪物，讓天皇完全恢復健康——雖然近衛天皇後來還是十四歲就下課了。這隻四不像怪物日後就被命名為「鵺」，在日本也被延伸為「真身不明、難以形容的事物」。

但是日本最大的「鵺」不就是平家嗎。

明明是武士，卻可以權傾一時甚至當上天皇的外祖父。說是公家，可是這群人又擁有武力動不動就可以殺人。對貴族們來說，平家這群身為武士卻模仿藤原家的「阿公戰術」極為徹底、最後把公家們踩在腳下的六波羅住人們，根本就是恐怖又怪異的「鵺」集團。但是傳說中收拾鵺的源賴政，最後卻死在現實中的鵺軍團手上，而且葬身在貴族文化的代表地平等院鳳凰堂。

這就是洛東和宇治兩個王朝文化名勝的微妙連結。生與死、風雅與暴力、神聖與死穢，以一種名為歷史的媒介串起流轉於京都的深層，成為這個千年王城帶著陰影的耽美吐息。

【第四章】

鎌倉覺醒篇

從佛祖到漫畫的大眾年代

一、鎌倉，本覺思想和大眾抬頭的時代

「南無阿彌陀佛」

這句對台灣人來說再熟悉不過、從電線桿上的貼紙到家裡阿嬤的嘴裡都會出現的佛號咒語，在日本卻代表了一個曾經震撼天下、至今仍然擁有近千萬信徒的最大佛教教派。這個巨大教派名字就叫「淨土真宗」。現今分成大谷派和本願寺派兩個系統，總本山都位於京都，並且各自擁有一座世界文化遺產。現在被分為東、西兩處的淨土真宗總本山，過去不只具有宗教意義，在江戶時代前淨土真宗的總本山位於今天的大阪，是個舉足輕重、足以影響天下大勢的實力集團。

本願寺。

在群雄並起的戰國時代，石山本願寺幾乎被視為一種大名勢力，這是很多戰國迷跟遊戲迷知道的事情。就算是擁有僧兵、後來慘遭織田信長血洗的比叡山，都沒能獲得這種待遇，而同樣擁有僧兵武力的高野山，在後來遇到豐臣秀吉逼迫時，也只能派出高僧木食應其前往交涉投降並解除武裝。只有本願寺一直和織田信長對抗到底，就算在幾場戰役中被信長屠殺了好幾萬信眾，本願寺還是一直沒有屈服。最後還得靠信長運用政治手腕請出天皇從中調解，才讓本願寺以幾近對等的方式與信長談和、放棄武力路線。在「進者往生極樂，退者無間地獄」的旗幟下，本願寺的信眾可以在毫無任何物質獎勵的前提下前仆後繼，和魔王織田信長僵持了多年。到底本願寺戰力的背後，有什麼樣的神秘魔法？

要了解這個謎團，必須從鎌倉時代講起。

經過了漫長的平安時代，最澄創立的比叡山延曆寺，已經脫離了一開始「反對奈良佛教」的新興宗派性格，變成了京都佛教重鎮的「北嶺」，開始擁有權力、商業利權，甚至武力。過去被壓迫的天台宗延曆寺，成為了新的佛教壓力團體，也成為了日本佛教的一大聖地。當初最澄所提出的天台教學中，最重要的部分就是對於奈良佛教流於理論的教義不滿。最澄認為佛教的基本應該是「信」而不是「論」，也就是佛教應該是用來「信仰」，而不是拿來當書讀、當成比誰會講話的工具。因為這樣，天台宗發展出了日本獨特的「本覺思想」。所謂本覺思想的基礎就是眾生皆具佛性，只是缺乏開發而已。如果只是這樣的話，那麼其實在原始佛教中也有所謂「如來藏」[1]的思想。但是在日本的天台宗，卻又融合了日本的八百萬神概念、也就是萬物皆有神明的原始自然信仰。所以在日本的本覺思想發展到了後來，出現了更大的飛躍發展。

「山川草木悉皆成佛」

沒錯。不只人、動物等眾生，就連非生物的山林河流都能成佛。天台宗和奈良佛教的對立，原本就起於對於奈良佛教繁雜高達數百種戒律的不滿。最澄認為奈良佛教的二百五十大小戒，對凡人而言根本無法完全遵守，最後只會淪為具文，所以提倡新的十重四十八輕大乘戒。簡單的說，就是對奈良佛教宣言「你們不要在那裡假掰了，只要守得住這些十重四十八輕戒就很了不起可以成佛了」。在這種極端樂觀的佛性論，配合務實的戒律教義下，天台宗急速發展成為新的日本佛教中心，和強調祈禱行法實效的真言宗分庭抗禮。但是因為天才空海所創的真言宗實在易入難精，所以天台宗在教勢上其實獨霸了整個日本。

時代進入鎌倉時期。如同在《表裏日本》說到的，這主要是政權從不切實際、只講求文采和精神論的貴族，移轉到實事求是的東國武士間的過程。但其實在信仰上，佛教也繼承了鎌倉務實而大眾化的時代精神，從為鎮護國家、為貴族天皇一家安泰服務的平安佛教，演化出真正屬於包括武士階層的平民大眾新佛教。以天台宗的本覺思想為中心，再加上比叡山從開山以來就強調的四宗皆學精神，宗祖最澄時代未能純化、精緻化的各種思想，後來成

1　編註：大乘佛教的派別之一，認為眾生有成佛的可能性。

為許多新宗派的養料，而發展成後來大眾色彩強烈的鎌倉六宗。

鎌倉佛教分為臨濟宗、曹洞宗的禪宗系統，還有強化《法華經》信仰的日蓮宗，以及淨土系統的時宗、淨土宗、淨土真宗。這些新宗派的宗祖除了時宗的一遍上人之外，全都出身自最澄的比叡山（其實嚴格說來，一遍上人也是師事出自天台系統的法然，出家處也是天台宗的寺院）。鎌倉佛教的主要特性就是「易行」（修行並不嚴酷）、「選擇」（從眾多的佛教教義中單選一種作為信仰）、「專修」（專心修行單一法門）。因為鎌倉時代以前的佛教，雖然博大精深，在從中國傳來的過程中，也擔負了知識與文化傳導的重任。但是這只適合有錢有閒的貴族名門或是專業人士（就是和尚啦）好好研習，一般大眾光是工作謀生就用掉大半心力了，哪有那種美國時間，於是這三種特徵成了鎌倉佛教的共同點。「易行」讓一般大眾也可以用不多的時間修行佛法，「選擇」讓不懂高深佛法的普通人也可以簡單入門，「專修」更是讓許多不識字的平民，只要照著和尚所教的單一法門，依樣畫葫蘆就可以進入成佛之道。

真好。可是看到這裡一定有人會有疑問：大師們用心一生鑽研佛法都不一定能成佛了，照你鎌倉佛教這種乍看之下半瓶醋的修行方式，是要怎麼獲得解脫？

可以。因為本覺思想告訴我們「山川草木悉皆成佛」。

如果從學術的角度來看，這些新宗派的祖師們似乎很不負責任，在世間宣揚各種一知半解的法門。但其實這些出身比叡山的祖師們，全都遵循著傳教大師最澄的教誨。「易行」正是更接近凡人的日常，拋棄成文化的複雜儀式，這和當初最澄拋棄奈良佛教的二百五十戒進行戒律簡化，抱持著同樣的精神。而「選擇」則是最澄雖然導入了各宗精華卻來不及一一深化，所以弟子們各自選擇天台教學中的其中一樣全力鑽研，才因而導出了「專修」這種修行方法。其實臨濟、曹洞宗的自省和只管打坐，與天台宗裡的「止觀」瞑想法門共通，而日蓮宗專念「南無妙法蓮華經」的獨特法門，更是來自於對天台宗根本大典《法華經》的信仰強化（天台宗的全名叫「天台法華宗」）。由於四宗兼學的比叡山，本來就有「朝法華夕念佛」的修行方式，在延曆寺的橫川地區也有極盛的淨土信仰傳統，再配合「山川草木悉盡成佛」的本覺思想，就打造出了時宗、淨土宗和淨土真宗等放棄一切修行和思考，只專心期待、歌頌阿彌陀佛前來接引自己往生極樂的淨土信仰。

鎌倉新佛教裡的臨濟宗，因為強調自我探求和自我磨練，和以殺生為業、根本不可能守住平安佛教戒律的武士們一拍即合，再加上他們對平安佛教和貴族間的密切關係看了就不爽，於是臨濟宗就成了幕府當局武士們的熱門信仰。因此大為發展臨濟宗勢力的地方，反而是在武士的發祥地鎌倉，臨濟宗在京都著名的只有一間南禪寺，其主要發展期要等到足利家以將軍之姿進入京都之後，也就是天龍寺、相國寺、金閣寺等和足利家關係密切的禪寺出現之後了。相對的，曹洞宗則是往地方發展，所以連總本山都設在福井縣的永平寺，而不在京都。此外，鎌倉新佛教中除了信仰對象不是任何神佛、而是佛經本身的日蓮宗外，最特異的就屬淨土系統了。因為這種信仰放棄所有掙扎（包括修行本身），把所有對來生的期待全都寄託在阿彌陀佛所立下的本願——《無量壽經》中，阿彌陀佛立下了四十八個要解救眾生的誓願，其中的第十八願是這麼說的：

「設我得佛，十方眾生至心信樂。欲生我國乃至十念，若不生者不取正覺。」

沒錯，阿彌陀如來說你只要開心地呼叫祂的名字十次，就可以有往生淨土的資格。看到這裡，應該很多人都偷偷在心裡默念了三十秒。而這個被視為最重要的第十八願就被稱為「本願」，也就是本願寺的寺名由來。

從奈良佛教到最澄的天台宗，本來就是一種日本佛教人性化的內化過程。而在比叡山貴族化、甚至天台座主都由天皇皇子擔任之後，鎌倉佛教的出現，更符合最澄所發起的日本佛教傳統特性，從上流階層更加人性化、更加接近大眾階層的自然演化。作為這種佛教演化過程的見證，我們得以擁有今天京都西本願寺這座世界遺產。

另一方面，傳統的舊佛教也沒有停下進化的腳步。鎌倉時代的「人間佛教」（將佛法融入日常生活）運動也同樣發生在舊有的佛教宗派，其中高僧明惠就是著名的代表。初期跟隨法然、後來翻臉開始批評淨土信仰的明惠，再次發揚了講述宇宙構造真理的華嚴宗，還著有攻擊念佛思想的名著《摧邪輪》，強烈地把所有往生希望都寄託在阿彌陀佛身上，而完全不作任何開悟的努力和實踐的念佛者，則會失去佛性中最寶貴的「菩提心」。明惠雖然和淨土信仰立場完全不同，但是這位同樣對日本影響深遠的高僧也留下了一座文化遺產給後世，就是以《鳥獸戲畫》聞名的高山寺。

對於淨土信仰這種僅倚靠阿彌陀佛神聖力量的佛教，後世稱之為「他力門」；而努力要自己開悟、修行以打開成佛之道的則為「聖道門」。不管是念佛求往生極樂的他力本願，或是讀經打坐、靈修唱題的自力成佛，鎌倉時代發生的這場宗教革命，在政治經濟或是文化民俗，都發揮了強大的作用力，直至今日。若如司馬遼太郎所說，日本文化的形式完成於室町時代，那麼日本人的內心精神世界，幾乎可說就是成形於大眾的鎌倉時代。

二、從親鸞到顯如，從凡夫到權門

淨土真宗的開宗祖師是親鸞。但是淨土信仰並不是他的原創，早在平安時代，藤原家的貴族們就受到源信所著的《往生要集》影響，期待死後在往生淨土，繼續享受跟人世間一樣的榮華。所以才會有平等院鳳凰堂的誕生。而之前提到的末法時代，也加速了淨土信仰的擴散。

親鸞出身於下級貴族，六歲時就在家人的意向下出家，在比叡山苦行了二十年。但是親鸞遇上了一個一直都沒有辦法克服的問題。

就是性慾。

是的。親鸞再怎麼樣也是個二十多歲的青年。看到這裡，許多阿宅們應該馬上對這位淨土門的聖人產生無限大的親切感。親鸞就是這麼一個充滿人味的宗教者，當然淨土真宗對這件事有許多其他的解釋，但是我倒認為就算這件事是確證，也絲毫不會減低親鸞的偉大程度。就因為正直認真，所以親鸞正面面對這個問題，在比叡山中閉關了九十幾天。閉關中親鸞在半夢半醒間，和聖德太子所化身的救世觀音相見，救世觀音如此對親鸞說：

行者宿報設女犯
我成玉女身被犯
一生之間能莊嚴
臨終引導生極樂

意思就是如果你宿命就是要犯女色戒的話，那我就化身為女性讓你侵犯吧。用這樣的方式莊嚴你的人生，臨終的時候我會引導你到極樂世界去。

「破戒和尚。」大概很多人的想法會是這樣吧。但是話說回來，要是只有守戒不犯女色才能成佛的話，那所謂的佛法不就只是那一小群和尚尼姑在獨佔，一般的平民大眾根本就只能一生在六道間輪迴痛苦。面對這樣的矛盾，救世觀音給了親鸞這樣的答案。於是親鸞離開了比叡山，前往師事淨土信仰的高僧法然。

法然過去一直在比叡山潛心修行，一直到四十多歲才悟出「專修念佛」的道理。法然的主張是「人本身就是種愚蠢難教的存在，所以一切的修行都是徒然，只有衷心相信阿彌陀佛的本願才能得救」。法然可不是他嘴裡說的「愚蠢難教的存在」，相反地，他在選擇專修念佛前，可是比叡山排得上名的碩學高僧。也因為這樣，法然專修念佛的決定，更顯示出這位高僧對於人性本身不完美特性的洞察。法然和親鸞雖一樣出身貴族，但是不一樣的是，法然年輕的時候，其父因為土地紛糾而被鄰近武士所殺。死前父親告誡法然千萬不要有復仇之念，因為復仇不能得到任何東西、只會徒增新的仇恨。法然是因此才遵從父命出家的。從這點來看，就知道法然在早年就深深體會到「人」這種生物的醜惡之處。也因為這樣，法然主張「捨閉閣抛」（嚴格說來，這是敵對的日蓮宗在形容淨土信仰時的用詞），也就是拋棄所有的修行，因為人這種魯鈍性惡的存在再怎麼修行也是「假的」，只有一心對阿彌陀佛的本願信仰讚美，才能真正得救。

是的，看到這裡你也應該會有同樣感覺。淨土信仰在日本佛教中的確極為特異，甚至和基督教的一神信仰有幾分相似之處。

不過這樣的想法，想當然耳會受到既有佛教的攻擊。過去被奈良佛教修理的比叡山，現在變成了修理別人的存在。尤其法然又是比叡山出身的「校友」，所以更不可原諒。同時，隨著法然的修善無用論，還真的出現了一群「那我作壞事也OK反正有信心我就會得救」的弟子。法然就因為這些弟子的不端行為，而被流放剝奪僧籍。親鸞和老師也一起被流放，而且當時的親鸞已經娶妻。

而且娶的是尼姑。簡直帥氣。

是的。繼承了法然思想的親鸞更加徹底，既然都要捨閉閣拋了，那親鸞乾脆就連戒律都丟了。日本的和尚可以公開娶妻肉食是在明治時代之後的事，不過淨土真宗的開宗祖親鸞早在那之前就這麼作了。只是嚴格來講，日本和尚可以娶老婆，真的還是明治時代以後的事。因為親鸞當時開始自稱是「非僧非俗」的「愚禿」，號稱生涯不收任何弟子，也因為在阿彌陀如來前一切眾生平等，所以跟著他學習佛法的都是他的「同朋」而不是徒弟。在這點上親鸞超越了老師法然，因為法然提倡專修念佛，但是他還是沒有捨掉戒律，作為一個僧侶結束一生。而親鸞的非僧非俗宣言，讓他走進了人群，和大眾真正站在同一角度和立場。

然後親鸞生了三男三女（或說四男三女）。

看到這裡，大家可能會覺得親鸞根本就和現代的許多新興宗教教主一樣，是個騙吃拐X的貨色。但正好相反，親鸞是個極端嚴謹卻又親和的宗教家。親鸞對於儀式和體面極端不重視，甚至曾留下遺言，表示自己如果死了就丟到鴨川餵魚就好。而親鸞的著作《教行信證》更是邏輯嚴謹的佛學論文。不過最為人知的，還是親鸞發展自老師法然的「惡人正機說」。這句來自於親鸞和弟子（雖然他自己說那不是弟子是同朋）間的對話集《歎異抄》，其思想精髓是這樣的：

「善人都可以往生了，更何況惡人」

是的。你沒有看錯，親鸞也沒有說錯。所謂的善人，就是自力積善、覺得自己是好人的修行者。親鸞想說的是人本身就是一種極不完美的存在，所以就算我們再怎麼極力要向善，還是會不得已、甚至不自覺地犯下惡事。所以在這種前提之下，有自覺自己是個惡人的人，反而比自認為是善人的人更接近淨土之道。而通常自認為是善人的人就會自己修行，而不會去依賴阿彌陀如來的他力本願，所以相較起來，了解自己罪惡而寄託希望在阿彌陀如來身上的人，才更能夠接受阿彌陀佛的拯救。

這就是親鸞的淨土哲學。你還是覺得他是個六根不淨花和尚嗎？

平易近人但又毫無權力慾望、一生在鄉下地方傳教到晚年才回到京都的親鸞，在他死後，繼承其血統的本願寺其實一度相當蕭條，甚至淪落到只是青蓮院的一個小末寺而已。比起本願寺，其實法然系統的淨土宗在當時更為興盛百倍。就連室町時代出現的「相阿彌」、「觀阿彌」等工藝、藝能從事者的阿彌陀稱號，也不是來自本願寺的淨土真宗。他們其實是由一遍上人提倡，以「舞念佛」和「決定往生六十萬人」聞名，比淨土真宗更徹底，連信心都不用、只要開心地接受阿彌陀佛來解救世人的時宗信徒。創立於鎌倉時代的淨土真宗渡過了漫長落難時代，一直要等到蓮如這個中興之祖，把本願寺發揚光大後，才有後世位於京都的兩座阿彌陀巨大法城。但是本願寺隨著寺勢的興隆和影響力的擴大，從親鸞時代的與民同修，變質成了另一個血脈相繼的佛法權門，最後演變成了和「佛敵」織田信長纏鬥數年、信徒們在法主一聲令下就有死無退的強悍佛法王國。

三、日本式的世界觀與漫畫起源——明惠的高山寺

以淨土信仰為首的鎌倉新佛教大放異彩的同時，舊佛教也沒有慢下前進的腳步。法然的淨土教培養出了親鸞，進而催生出世界文化遺產西本願寺。而站在與法然相對立場的華嚴宗明惠，則創造了另一座世界文化遺產高山寺。

如果從這個角度看，法然光是在京都就直接與間接地留下了西本願寺和高山寺兩座世界文化遺產，以及京都的著名大寺知恩院。華嚴宗的學僧明惠對法然的「捨閉閣拋」感到不滿，因為這種放下所有修行的作法，也讓人同時失去了「發菩提心」，也就是想要求道開悟的高潔精神。明惠為此特地寫了與法然淨土信仰正面對決的《摧邪輪》，然而不同於其如同動漫主角招式般的煞氣著作名，明惠其實是個很慈祥可親的高僧。

今天到高山寺參觀，可以看到寺藏的明惠大師畫像。端坐畫面當中安祥

打坐的明惠，被重重古木山林包圍著，整張圖顯現一種出家人與大自然融為一體的柔和意境。明惠所屬的華嚴宗，本來就是以講究「一即多、多即一」、「一沙即世界」的宇宙構造論而聞名的教派。在華嚴經裡頭的世界，眾生擁有各自的小宇宙，卻又彼此緊密地互相連結，進而成為一個完美融合的大千世界。不過因為這種有點類似現代天文學的教派重視邏輯和思考，所以也常讓所屬的學僧有淪於辯證而疏於實踐的毛病。但是明惠不但平易近人、還用了許多方法讓庶民們能夠更了解複雜的華嚴教義世界觀，而不是拿著學識對著一般人作威作福自以為是。又因為這種世界觀，所以在明惠的想法中萬物不管有無生命，其實都具有無限生機和可能性。明惠曾經寫信給一個小島，但並不是因為他刻意將這個島擬人化或是要暗示諷刺什麼，而是因為對他而言這個島上孕育了許多動植物，而這些動植物和小島本身融為一體。所以就明惠來看，小島本身就是一個生命力的集合體，當然也就有理由寫信給這個小島了。

這就是明惠從佛教演化出來的自然觀。雖然他出身自奈良佛教的華嚴宗，可是生於鎌倉時代的明惠，也致力於教義的再編和向大眾發揚。也就是說雖然明惠是站在鎌倉新佛教的對立面，其實他同樣也繼承了鎌倉宗教改革的「易行」精神。而明惠不管對人對物都同樣有情且慈悲的精神，也很有趣地與華嚴宗的對頭天台宗的重要教義，即「山川草木悉盡成佛」的本覺思想極端相近。本覺思想發展自日本的自然崇拜信仰，因此明惠的佛教雖然和法然、親鸞等人的法門在教義上相互對立，但是從這點來看，他們都一樣仍然不脫日本人傳統的自然信仰。而這種自然信仰正是日本佛教脫胎換骨發展出獨特性的最大關鍵元素。

有個與明惠相關的傳說，就是把高山寺賜給明惠的，是當時的後鳥羽上皇。這位悲劇的平家天皇安德帝的異母弟，經歷源氏將軍家三代滅絕，大權完全由將軍家管家——也就是執權北條氏掌握的年代。他作為皇室成員非常特別，個性強悍而愛好武藝，不只曾親手逮捕在京都犯案的凶惡犯人，還會自己打造刀劍，再特別打上自己喜愛的菊紋分送給貴族或是臣下。天皇家的家紋十六菊紋，就是起源於這位特異的上皇。

在上皇看來，政權被幕府拿走已經夠不滿了，而且幕府後來根本變成是由北條家這個從皇族看來身分低到爆炸的家族在掌控的空殼。於是後鳥羽上皇招兵買馬，發動了倒幕政變。但是就算上皇本人再怎麼能打再怎麼凶，畢竟也不是親自披掛上陣，而且時代早已迎來不可逆的武士之世。想當然耳，反幕府的上皇軍潰敗；殘軍大量躲進了和後鳥羽上皇有淵源的高山寺，幕府軍當然追進境內把人抓了回去。想不到跟著回京都作筆錄的明惠大師，對負責的武士這麼說：

「高山寺所在的栂尾山，自古以來就是好生之地，就連獵人只要追趕的獵物跑進栂尾山，也都會放棄狩獵成就好生之德。我既然在高山寺當住持，收留這些殘兵敗將也是天經地義。如果這樣有罪的話，就先砍我的頭。」

這段話傳進了當時京都治安首長、也就是六波羅探題長官北條泰時的耳裡。北條泰時因此對明惠上人大為尊崇，而後來北條泰時也繼任了幕府執權大位，成為歷史上著名的賢主。明惠上人追求自然和諧的精神也帶給北條泰時很大的影響。明惠上人生平喜愛小動物，甚至今天我們到高山寺都可以看到可愛的小狗木像。而高山寺跟其他世界遺產的最大不同，就是境內到處都有任植物自由生長的角落；這種以自然為美的風格，和以過去被認為是無用之物的青苔為主角、但其實經過精心安排的西芳寺又給人截然不同的感受。明惠上人這般慈愛與崇尚自然的精神，也促使幕府的最高權力者北條泰時琢磨出以貞永式目[1]為集大成的「道理」武家哲學，讓泰時成為不論武士或是貴族、甚至天皇家都不得不讚許的名君。

高山寺除了是一個充滿慈愛的寺院外，同時也是個充滿幽默感的寺院。因為世界聞名的國寶《鳥獸戲畫》就收藏在這裡。明治時代以《鳥獸戲畫》、到了昭和改以《鳥獸人物戲畫》之名登錄的國寶繪卷，幾乎是日本漫畫的起源神作。稱為神作的理由是這些大多以青蛙、兔子、猴子等動物為主角，但表情卻又唯妙唯肖地讓觀賞者立刻聯想到人類各種喜怒哀樂表情的白描畫，是在距今千年以上創作的作品。

被稱為四大繪卷[2]之一的《鳥獸戲畫》，其實不同於其他繪卷，因為《鳥獸戲畫》甲乙丙丁四卷的圖案沒有連續故事性，而一般的繪卷則是一段一段分別用圖案代表故事的演進過程，只是沒有畫格線分開而已。就這個前提來說，也有學者認為有效果線、分格線、甚至連對話框的原型都有的江戶時代《北齋漫畫》，才是日本漫畫的起源。但這是以「連環漫畫」作為前提的分類方法，如果以動物擬人且成功表現出人物神韻的作品來定義成漫畫（即單格漫畫）的話，《鳥獸戲畫》絕對是誕生自平安時代的日本漫畫始祖。

明惠的高山寺——充滿自然野趣，又讓你會心一笑的高山寺。

1 編註：正式名稱為「御成敗式目」，為鎌倉幕府執權者北條泰時於貞永元年（一二三二年）制定的武士政權法律。因制定時的年號而得稱「貞永式目」。

2 編註：四大繪卷為《源氏物語繪卷》《伴大納言繪詞》《信貴山緣起》《鳥獸戲畫》。

四、從極盛到分裂的「難攻不落南無六字之城」

本願寺成為後世的真宗王國，全都要歸功親鸞後世的子孫，也就是本願寺第八世法主蓮如。繼承親鸞血統的蓮如，初期還得受到比叡山的欺壓，甚至繳交規費給這個最澄創立的聖山。而蓮如出生時大眾也沒有把「親鸞的血統」當成一回事，親鸞弟子所開創的專修寺系統，甚至教勢遠大於本願寺數倍。加上蓮如在擔任當主的時候也真的很命苦，光是位在東山的本願寺就被比叡山砸了兩次，讓蓮如只能帶著本尊過了一段流浪的歲月。

但是蓮如是個活力四射的人物，這點光從他一生結了五次婚（不是同時而是死了四次老婆）、生了二十七個子女就能知道。活到八十五歲的他同時也是個布教的天才；蓮如用一種獨特的方法，讓本願寺的規模迅速擴張了起來。這個方法就是不斷發文。

……當然不是在網路上啦。

蓮如採用了「消息」、也就是書信函授的方式，在各地自行集合開讀書會的信徒們，把對於教義的問題寫在紙上後交給總本山，然後再由蓮如親筆回答。這些為數眾多、由蓮如以簡單易懂的方式闡明教義的文章稱為「御文」。仔細想想，信徒和法主間一來一往有PO文有回覆，這種劃時代的傳教方式，簡直就是古代日本宗教版臉書專頁啊。

這個方法十分成功，本願寺開始在加賀等北陸地方獲得極多信徒。不知不覺中在蓮如宣導的「阿彌陀如來前眾人平等」哲學之下，讓集會的信者們慢慢集合成一個合議制的鄉民團體——只是這些鄉民是在地的武裝農民。結果大家談論佛法的同時，不小心也開始談到現在的守護很機車啦收稅收很多啦，有辦法的話真應該把他們幹掉啦之類的話題。

結果還真的一個不小心就把加賀的守護富樫氏給幹掉，當地於是變成武裝農民共治的百姓共和國。

而且這個以合議制決定國事，又以本願寺在當地的寺院（稱為御坊）為最高顧問機關的農民政權居然還持續了近百年。這種以淨土真宗信仰為集結力量的民亂，正是以淨土真宗別號命名的「一向一揆」。

其實對蓮如來說，他希望的是「宗教歸宗教，政治歸政治」。但是隨著蓮如帶起來的本願寺權勢，這個真宗王國就開始變得越來越世俗、越來越強勢了。到了第十世法主證如的時代，重回京都的山科本願寺已經是個擁有動員力遠超過比叡山的實力團體。而證如終於也違背蓮如「以世間王法為重，不參與政爭」的遺訓，和幕府管領細川晴元合作的本願寺信眾們，出兵攻打了和其他大名聯軍的日蓮宗信眾。結果獲得大勝的門徒——淨土真宗的信徒們趁勝打進了大和地方，也就是奈良的春日大社和興福寺，不但在裡面犯殺生戒抓動物來吃，還不慎燒了過去自家宗主蓮如修行過的寺院。這種丟人現眼的舉動，讓奈良舊佛教生氣到發出「淨土真宗門徒永遠不得進入大和國」的公告，但是同時也造成了當時在京都中為數不少、多以商人眾為主要信徒的日蓮宗信眾們的恐慌。於是日蓮宗信眾決定先下手為強，出動了數萬人把山科本願寺一把火給燒了。

這就是著名的「天文之錯亂」。到戰國時代為止，日本的確有過以血洗血的慘烈宗教戰爭。這些搏殺不只代表著教義的衝突，更帶著因為寺社權威所附屬的背後、專屬事業和經濟特權色彩。雖然後來日蓮宗徒們也受到報復，在數千信眾被殺之後，日蓮系統寺院被趕出京都數十年。而山科本願寺被燒掉的淨土真宗只好把總本山換到今天的大阪，宗教城塞石山本願寺就此誕生。證如在三十九歲過世後，由十二歲的兒子顯如接任法主。兩年之後，顯如和武田信玄的妹妹結婚；又過了兩年，本願寺被天皇家認定為和青蓮院、仁和寺等寺院一樣同為「門跡」，也就是本願寺的家格和貴族同列。

接下來的故事很多戰國迷都很清楚了。在這個難攻不落的城池中，誕生了戰國時期讓魔王信長也頭痛不已的巨大念佛王國。淨土真宗的法主從深入大眾的求道長者親鸞，換成了披著法衣的門徒帝王顯如。

本願寺曾經組織了一度讓信長幾乎「下課」的信長包圍網，也用門徒們

「進者往生極樂，退者無間地獄」的鮮血和犧牲，和信長格鬥了幾近十年之久。我們看許多故事中都把信長描述成迫害宗教、屠殺信徒的大惡人；但是只要了解戰國時期本願寺的真正實態，就知道誰才是迫害的一方。被指為「佛敵」的信長，最後依然沒有贏得對本願寺的戰爭，還是靠天皇家的調停讓顯如退出石山御坊後、進入紀伊別院才真正停戰。而迎來和平後的織田家也沒有——或者說不敢——再對淨土真宗有什麼動作。

但是戰爭末期對信長的妥協，卻成了本願寺分裂的遠因。

信長死於本能寺之變後由秀吉取得了天下。而進入石山御坊原址改建大坂城，並成為此地霸主的秀吉，不但和本願寺和好，還在京都提供土地作為本願寺興建御坊之用。因此本願寺再次回到了京都，也就是今天的西本願寺。但是到這個時候為止，本願寺仍然就是「本願寺」，還沒有東、西之分。當信長仍在世、顯如要退出石山御坊時，其長子教如卻強烈反對而主張全面抗戰，最後逼得顯如只好跟他斷絕父子關係，也就是所謂的「義絕」。

等回到京都之後，畢竟兩人還是親生父子，所以顯如原諒了教如，教如也就在父親旁邊協助教務工作。

幾年之後，顯如過世，由長子教如繼承法主之位。想當然爾，當初跟著父親一起主張談和、在教如眼裡是「當年在那邊假鬼假怪的貨色們」等老僧，一個一個開始不受重用回家吃自己。雖然此時的本願寺已經不復當年的戰鬥力，卻在這時候發生了更嚴重的事件，讓本願寺正式告別重回過去佛法戰鬥集團的一絲可能性。

教如的媽媽拿出死去的顯如親筆遺書，向豐臣秀吉控訴，說老三准如才是真正的繼承者。

眼看這是個收編本願寺的好時機，秀吉立刻介入讓教如引退，而讓老三准如接任法主。對准如而言，秀吉當然是自己生涯的大恩人，於是過去信長最敬畏的門徒堡壘本願寺，正式在秀吉面前成了恭順的佛法集團。秀吉死後成為了新的天下人的德川家康，不只親眼目睹了信長和本願寺血戰的所有過程，甚至自己在三河時代也曾吃過一向一揆的虧。所以家康為了日後的太平使出了最強的絕招，也成功地拔除了本願寺這頭念佛猛獸的利牙。

家康把一塊就在本願寺東邊不遠處的地賜給「被退休」的哥哥教如，讓他得以在此重建也叫作「本願寺」的寺院，甚至也給了教如一切比照西本願寺該有的規格和優遇。至此，本願寺正式分裂為東、西兩邊。這也就是為什麼東、西本願寺兩邊都是大教團，但西本願寺的信徒人數和末寺數遠多於東本願寺的原因——因為正統仍然是在弟弟准如繼承的西本願寺這邊。如同秀吉對准如的恩情，這下家康變成了教如的恩人。結果大坂之役時還真的就演變成西本願寺支持豐臣家、東本願寺支持德川家。一直到了幕末，東本願寺仍然支持幕府，然後理所當然地西本願寺就成了勤皇派。這就是真正的「本是同根生」而且相距咫尺，但兩邊都再也「回不去了」的東西本願寺傳奇。

也是那個曾經權勢傾國、詩人口中「難攻不落南無六字之城」的傳奇。

五、鎌倉新佛教的文化人類學巡檢——西本願寺、高山寺

我們就來看看鎌倉新佛教在京都的代表之地。

祇園花見小路的南邊盡頭，就是著有《喫茶養生記》，把茶重新帶入日本發揚光大的臨濟宗開祖榮西所創建的建仁寺。這間歷經多次火災，在明治維新前面積廣達五萬多坪的寺院，是京都市內最古老的禪寺，在京都五山中排名第三。不管是方丈法堂或是入口的三門，建仁寺的建築充滿了禪宗的樣式美，但是更不能錯過的，就是珍藏的雙龍圖和風神雷神屏風（複製品，原品已收入京都博物館）。對我們這種時常趕稿、又喜歡喝日本綠茶的人，到京都就不得不來建仁寺感謝一下將茶導入日本的榮西。原本作為提神劑和藥品進入日本的茶，卻因為日本水質清淨的得天獨厚，發展出脫胎自中國但已完全呈現不同風貌的茶文化，以及後面衍生出來的茶道及其周邊附屬的工藝、美術等元

素。一想到今天日本的茶飲料廣受全世界好評，就不得不讚歎榮西的偉大。

在祇園正對面的八坂神社旁，就是淨土宗的總本山知恩院。知恩院後來可以發展成這麼宏偉的規模，除了法然本身作為宗教家的偉大之外，很大原因是因為德川幕府幾乎把淨土宗當成是官方的信奉宗派之一。會這麼做的理由是因為德川家康在三河時代，曾經吃過「南無六字之城」一向一揆的虧，因此三河地方有很長一段時間都禁止淨土真宗創立據點，於是只好鼓勵居民和家臣們改信較為溫和、但唱念的佛號和作法都幾乎一模一樣的淨土宗。這個戰略也的確有效，才有了德川家大力支持淨土宗寺院的結果。

知恩院是全國六百萬淨土宗信徒的總本山。所以在德川家二代將軍時代設立的壯觀三門正顯示出這種高貴的格式和威嚴。這座現存最大的木造樓門裡還奉有寶冠釋迦如來等佛像，包括境內的經藏、唐門、方丈庭園等，知恩院擁有不愧是德川家菩提寺之一的豐富文化財。知恩院的七大不可思議也是值得細細品味的歷史見證。其中裝有打造三門的木工五味金右衛門夫婦木像的「白木之棺」，更是訴說了一段帶著悲劇色彩的無奈故事。木工五味用盡了渾身解數打造知恩院三門這個偉大工程，卻在放置完白木之棺後，夫婦一起自殺了。有人說是因為五味愛面子，所以工程用了太多錢超過預算得以死謝罪，另一個猜測則是五味覺得自己所建的三門也兼具監視京都皇居御所的任務，幕府一定會殺自己滅口來守住秘密，於是選擇自己先動手。

如果這個傳說真有其事，我寧願相信這是出於木工對自己專業堅持的前者。後者實在太冷酷，或許也太現實了。

往市內走，可以先到四條新京極附近的染殿地藏。這個藏於鬧區之中，以安產祈念聞名的小地藏寺院，同時也是一遍上人念佛賦算之地的遺跡。也就是說在鎌倉時代，淨土信仰的聖人一遍上人就是在這裡和居民們一同手足舞蹈地用「舞念佛」的方式，表達即將往生淨土的喜悅，並且分給路人「南無阿彌陀佛　決定往生六十萬人」的「賦算札」，也就是前往淨土的票根。接著可以造訪阿彌陀如來在俗世的淨土王國西本願寺。但是如果你想要在前往本願寺前追思親鸞這個平凡的偉人，那麼你得去兩個地方；一個是清水寺坂道入口處的西本願寺大谷本廟，一個則是在八坂神社旁的東本願寺大谷祖廟。因為隨著本願寺的分裂，親鸞的陵墓也分成了兩個。

兄弟爭家產，連祖先的死人骨頭都得分成兩份。

其實東、西本願寺和親鸞的兩個靈廟一樣相隔並不遠，從東本願寺到西本願寺徒步也不過十五分鐘前後。分裂出來的東本願寺雖然在末寺和信者數上遠輸給嫡流西本願寺，寺內一樣有安置最大級親鸞像的御影堂，還有供有同樣巨大的阿彌陀如來像的阿彌陀堂，及親鸞親筆的「教行信證」等寺寶，在歷史價值上絕對不輸西本願寺。至於建築物本身，東本願寺也同樣運用「金」和「黑」兩種安土桃山時代風格的代表色，和西本願寺同樣莊嚴壯麗。但是正如同東本願寺和西本願寺的分裂背景，東西相比之下就像德川家康和豐臣秀吉兩人間的個性一樣，東就多了一點質實剛健，而西就多了一點炫爛豪放。不過如果就老祖宗親鸞的樸實個性來說，說不定東本願寺還繼承了更多開宗祖師的信念和思想。

西本願寺則是完全和親鸞的人格特質背道而馳，簡單來講就是華麗、華麗、華麗。整個西本願寺從裡到外不只採用黑與金的安土桃山時代風格，根本就是安土桃山時代的工藝美術集合場。光是供奉親鸞木像「御真影」的櫥子就有四．六公尺高、重二．三噸，裡面的木像還塗上了混有親鸞牌位燒成的灰燼，號稱「骨肉之真影」。不管是外面的唐門，或是裡面的書院，裡外都是豐臣秀吉時代當時一等一的藝術工匠傑作。此外和書院一樣要參觀需要特別申請的飛雲閣，更有傳說是聚樂第摧毀時搬過來的建築遺跡之一。

面對後世子孫這樣的富麗堂皇，親鸞若天上有知，不知作何感想。

但是有一樣東西我想親鸞應該會喜歡。就是西本願寺每年一月九日到十六日舉行報恩講時，都會由京都和菓子老店——龜屋陸奧準備獻給親鸞上人的供品，就是用各種甜食、水果、甚至麻糬組成的五彩繽紛糖果塔。這些從視覺上就給人強烈印象的供品，會在經過一週以上的報恩講修法後分送給信徒們一起享用。至於為什麼要用這種供品來祭拜親鸞，西本願寺有其說法。

「因為聖人很愛吃甜食啊。」

聽到這句話，或許讓我們在這個華美到不像人間的佛法聖殿裡，重新找回了一點非僧非俗、但是親近平民的親鸞作為人的溫度。這間負責供品的龜屋陸奥，就是司馬遼太郎口中那間從本願寺和織田信長作戰時代開始就和寺方配合的「特約廠商」。

離開市區，前往位於市郊的高山寺。看完後鳥羽上皇親筆的「日出先照高山之寺」匾額後，一定要看看可愛的善財童子像和黑狗木像。尤其是黑狗木像，據說真的是用明惠上人生前寵愛的小黑（我亂取的）形象等身大雕刻而成，上人睡覺時常把它放在身邊，可見這個高僧雖然精通達觀的佛法，卻也充滿慈愛。

寺外的茶園對有喝茶、尤其是喜愛日本茶的朋友是個必去的聖地。因為這裡就是明惠上人從前面提到著有《喫茶養生論》的榮西拿到茶種子後，在當地播種後長成的日本第一片茶園，同時也是著名的宇治茶的前身。

最後，沒看過《鳥獸戲畫》，就不算到過高山寺。

這部分成甲乙丙丁四卷的國寶，前兩卷成立於平安時代，主角都是各種動物，後兩卷則被推測成立於鎌倉時代。作者是誰現在仍然沒有定論，有人說是高僧們平時娛樂隨手塗鴉的戲畫，有研究家說是佛畫繪師們在工作之餘調劑的作品。但不論如何，其生動的表情和充滿律動感的線條，說是最近的漫畫八成都有人相信，但這些卻是千年之前的畫作。不過每次欣賞《鳥獸戲畫》，看著穿袈裟的猴子供奉坐在菩薩寶座上的青蛙，還拼命對著他念經，好像是什麼邪教團體的光景。一方面雖深感從構思到筆觸都充滿了對生命的讚嘆和幽默感外，其實也油生另一種感嘆。

一千年來，人類做的事情好像也沒有進步多少。

【第五章】

室町恩仇篇

足利將軍家的華麗一族

一、從體育系轉系到文組的足利將軍家

從源賴朝首創幕府這種以武士為中心的政治體制後，日本史上總共出現了鎌倉、室町、江戶三個幕府。這種以武家棟樑獲得「征夷大將軍」的官職、並領導全國武士的體制，其實是非常有趣的。因為征夷大將軍其實是律令制的「令外官」，也就是臨時職，後來卻成為慣例，讓武士們都把拿到這個「黑官」當作是成為「天下人」（統治天下的人）的最終認證。正因為是黑官，所以其實在律令制的身分階級裡，征夷大將軍是沒有一定位階的。

日本古代在講「官位」這個詞時，嚴格說起來指的是兩個分別的元素，也就是「官」和「位」。所謂「官」是指如大納言、左大臣等官職，而「位」則是指正一位、從三位等身分位階。在正常的體系下，官和位是要互相搭配的。比方說律令制中的最高人臣官職「太政大臣」，原則上就必須是從一位以上者才能擔任。不過征夷大將軍因為是令外官，所以才會創造「只有源氏才能

開設幕府」的都市傳說(?)的武家最高存在。源賴朝任官時，和後來的室町幕府開設者足利尊氏同樣是正二位任官，幾百年後的德川家康任官時，卻是較高位階的從一位；但是回顧實質上的初代征夷大將軍坂上田村麻呂，他在任職時卻是更低的從四位下，因此有「越老越偉大的大將軍，官位越低」有趣現象。

在這段武家歷史中，夾在鎌倉、江戶中間的足利家，算是運氣最不好的將軍家。不但開設室町幕府的足利尊氏，遇上了日本史無前例也後無來者的天皇家分裂南北朝時代，後期的室町幕府治世或是俗稱的戰國時代，根本沒人要鳥連橡皮圖章都不太勝任的足利家，十五代的將軍裡，還被臣下直接幹掉了兩個。第七代以後將軍的政治實權小到接近搞笑的程度，就幕府將軍權威這點來看，足利家除了初代尊氏、第三代義滿、第六代義教之外，總體看來直讓人搖頭。

此外，幕府政治的根本，其實就是跟貴族公家畫清界限，最好是像源賴朝把據點設在鎌倉、或是像德川家康定府江戶這樣，把政權基盤設在傳統上武士大本營的關東才是王道。但是室町幕府的「室町」雖然同樣也是地名，但是這個地名卻是第三代將軍義滿在京都的宅邸所在。也就是說，室町幕府理論上應該是武人政權，而擔任將軍職的足利家也確實出身北關東的栃木縣，但是這個武人政權卻從來沒有離開過京都。再說，不只十五代將軍裡被殺了兩個，歷代的將軍雖然也和鎌倉或德川幕府一樣，是武家合議制的議長，但是足利將軍卻被架空得非常嚴重，幾乎整個時代一大半的時間都被所謂的「管領」（將軍家的執事）、守護（各地的軍事行政長官）等捏住了喉頭，完全沒有領導者的權能。最倒楣的是，足利家的諸將軍們不只活著的時候難過，連死了之後都還不得安寧，常常會被擺上台當作批鬥的目標。

到訪過京都的朋友，應該很多人都利用過便利的京阪電車。就在京阪三條車站附近，可能有人曾經留意到，在三條大橋橋頭邊有個跪著的歐吉桑銅像，下面寫著「高山彥九郎正之」。當然，也很多人不知道這個怪叔叔彥九郎是誰。

……他還真的是個怪叔叔。

這位被稱為「寬政三奇人」[1]之一的高山先生是個鄉下的好業人（有錢人）。但是在他十三歲看了描寫南北朝戰亂的軍記物語名著《太平記》之後，突然發現地方的大叔需要的不是美女而是「尊皇」運動——沒有「攘夷」，因為那時候黑船還沒來。這位仁兄開始離開故鄉往京都出發，沿路宣揚他的尊皇思想。到了京都三條時，彥九郎問路人皇居所在。路人遙指「就在那個方向」之後，彥九郎突然「碰」的一聲當場跪下，號啕大哭伏在地上，不斷大喊「在下草莽之臣高山彥九郎」。看熱鬧的人開始在彥九郎身邊圍成一圈，想看看是什麼神奇三寶（指涉做出白目行徑的人）又在當街表演，但是彥九郎完全不為所動。這位奇人後來還真見到了天皇，也曾因為實在太過古怪而被幕府盯上

1　編註：高山彥九郎與蒲生君平、林子平同被稱為寬政三奇人。

一陣子。這位仁兄最後雖然莫名其妙地就切腹自殺，也沒有達成什麼政治實績，但是這位在幕府仍然頭好壯壯時就中猴（中邪）提倡尊皇思想的怪人，還真的給了後代的維新志士們——包括吉田松陰（吉田寅次郎）等——巨大的精神影響。一個怪胎會給幕末的巨人吉田松陰影響，這可不是什麼誇大的奇說，從高山彥九郎死後的戒名（法名、法號）「松陰以白居士」來看，兩者的關係可見一斑。

話說回來，當時松陰以白居士幹了件大事。某日彥九郎進到了等持院，也就是供有歷代將軍木像的足利家菩提寺，拿起打犯人的刑棍打了足利尊氏的墳墓三百下，每打一下就數落一項足利尊氏的罪狀，其間還不斷「國賊、國賊」的喊。當時雖然已經不是足利家當將軍了，但好歹德川家也號稱自己同為源氏，甚至還在足利將軍木像群中加進了德川家康像。在江戶幕府仍然威力十足的時代，這麼幹的彥九郎不是超越時代的先驅，就是超越理智的肖仔。如果以幕府沒有將其以大逆罪處刑的結果來看，幕府應該覺得他是後者。

足利將軍的倒楣事還沒結束。數十年後黑船來襲，這次「尊王攘夷」真的成為社會上一大思想勢力，有很多人開始覺得足利尊氏是危害天皇家的「國賊」了。結果就在風起雲湧的幕末京都，一樣是高山彥九郎遙拜皇居的三條河原，這次足利家的幕府前三代將軍尊氏、義詮、義滿木像的頭被人砍了下來，像過去被處決的犯人首級一樣被晾出來示眾。就算到了一九三四年的昭和時代，因為軍國主義的興起，當時的商工大臣（大概類似台灣的經濟部長）中島久萬吉只是在雜誌上寫了篇論文叫「足利尊氏」，這樣就被貴族院的議員以「稱讚亂臣賊子」為由而攻擊到他辭職下台。

這就是治世時戰亂不斷，死後還要被拉出來修理的足利將軍家。作為以打仗為專業的武家棟樑，他們真的很沒場面。但是就在這個政治上近乎黑暗的時代，日本以京都為中心，放射出耀眼的文化成就光芒。換言之，以「動手」為本職的足利將軍們好像不是很稱職，但是又「不務正業」地出了許多文化素養極高的奇才，甚至讓司馬遼太郎說出「現代的日本人幾乎算是室町之子」這樣的話，學者內藤湖南更是直接斷言「要認識日本這個國家只要了解室町之後的日本」就夠了。也就是說，室町時代其實塑造了許多今天我們認為是「日本傳統文化」的原型而流傳至今。京都的十七個世界文化遺產裡，就有四個是和足利將軍家有直接相關的。如果用大學生來作比喻的話，那麼本來應該是體育系專攻格鬥技（？）的足利同學們，雖然架打得不好，但是卻不務正業地變成文青，後來甚至轉職成了文組了。

這個章節，我們就來看看這群武士文青，還有他們留給京都的世界文化遺產天龍寺、金閣寺、銀閣寺、西芳寺的動人故事。

二、熱血漢尊氏與夢想家尊治的愛恨情仇

從幕末開始到敗戰為止，在日本被視為「逆賊」的足利尊氏。是我個人很喜歡的人物。

這位仁兄出身於鎌倉時代末期的武士名門，原本的名字叫「足利高氏」。他和鎌倉幕府初代將軍源賴朝一族一樣，是源氏偉人源義家的子孫，在祖先定居於足利庄（今栃木縣）之後才以地名為姓。當直系宗家賴朝一族三代[2]「倒房」之後，源氏一門裡就屬足利高氏的系統最為高貴。但是再怎麼高貴還是形勢比人強，這位源氏的貴公子也得和他的阿公阿祖阿太[3]一樣，乖乖地聽命於原本只是源氏將軍管家的北條氏。

足利家族身為武士名門，當然對這件事情耿耿於懷，所以《難太平記》

2 編註：指鎌倉幕府前三代將軍：源賴朝、源賴家、源實朝。

3 編註：指足利高氏的祖父足利家時、曾祖父足利賴氏、曾曾祖父足利泰氏等。

這本書中才會記載：源義家其實留下了一封秘傳書信，裡面寫著「自己第七代的子孫會取得天下」。高氏的祖父足利家時剛好是源義家的第七代，不過家時怎麼看自己都沒有那個取得天下的本錢和命格，所以只好在許下縮短自己壽命、要讓後代在三代之內取得天下的誓願後，留下遺書切腹自殺。足利家時自己辦不到就中離登出也就算了，還牽拖自己的後代上台，怎麼看都是個任性的阿公。至於願不願意相信這個傳說，就真的見仁見智了。而算來剛好第三代的高氏真的很衰，在高氏繼承足利家時，天下發生了大事。

後醍醐天皇起兵倒幕了。

理由很簡單。因為當時的天皇家從第八十八代的後嵯峨天皇之後，就分成「大覺寺」和「持明院」兩個血統，而鎌倉幕府在流放了後鳥羽上皇、實現崇德天皇「以民為皇、以皇為民」的怨靈詛咒後（詳見拙著《表裏日本》），就開始公然介入天皇家的內部事務。於是在幕府當和事佬的狀況下，這兩個血統的人交替輪流當天皇，所以常常一邊當沒幾年，另一邊就急著呱呱叫要對方趕快退位當上皇，並把皇位交出來。在這種情形下對幕府有一個極大好處：因為皇統交替的話，上皇常常不是現任天皇的父親，所以過去上皇那種「治天之君」的狀況就會比較少出現。就算真的有，也會因為還存活的上皇常有一位以上，所以權威就被稀釋，反而讓幕府更方便控制了。

但是後醍醐天皇是個信奉當時新興學問「朱子學」的高知識分子。朱子學講的是華夷之分和大義名分（嚴守君臣、人倫分際的儒教思想），所以後醍醐開始覺得為什麼明明是一國之君的自己，得聽命於關東的那些粗人。明明武士們和自己是同樣人種，但後醍醐竟然套用中國的華夷之說，將武士本場位在關東的幕府稱為「東夷」。所以，後醍醐天皇開始有了想要打倒幕府的想法。總而言之，倒幕的原因當然是基於上述的思想。雖然其實他還有個更直接的原因，就是不想把皇位交出去，要獨佔天皇皇位這樣而已。

但是後醍醐手下沒有兵。

於是後醍醐開始讓自己信任的公家們（為天皇與朝廷工作的貴族、官員們），出動遊說對幕府不服、不滿的武士，並且積極聚集當時的佛教勢力，和被一般社會視為邊緣人的「異形」們——運輸業者和賤民階級，其中包括了著名的「惡黨」楠木正成，讓後醍醐旗下成了一種聖與賤的奇妙結合體。後醍醐的陰謀不久就被發現，結果他老兄竟然擺出一副「朕不知道都是底下的人亂搞」的態度。而幕府也不敢隨便對天皇動手，反正天皇的陰謀也沒成功，所以只處刑了一些公家和參與的武士們，對後醍醐放了幾句難聽話也就算了。

對於幕府這樣的寬大處置，後醍醐的回報是——再次推動倒幕計劃。這次幕府就翻臉了。雖然後醍醐方有善戰的楠木正成，最後仍然以失敗告終，後醍醐天皇被迫把皇位交給持明院統的光嚴天皇，還被流放到隱岐。這次的幕府討伐軍，就是由貴公子足利高氏受命領軍的。不過據說在討伐過程中，高氏的父親過世，但幕府卻不准他離陣奔喪，讓這位性情中人對幕府開始有了不爽的情緒。

然而，那位本名尊治（天皇家沒有姓）、被流放的前天皇不只任性還永不放棄，居然又煽動了各地的反幕府勢力再次造反，他本人也在親信的幫助下從流亡地逃出。幕府當然抓狂，面對戰神楠木正成僅以千人防守的千草、赤坂兩個小城，竟然發動了百萬大軍圍攻。這是軍記物語《太平記》裡記載的誇張數字，但根據考證，的確有十多萬的大軍。同樣地，足利高氏這次也參與了幕府大軍陣中。

結果打不下來。

楠木正成充分發動山區游擊戰的優勢，在山城裡居高臨下、對來犯的幕府軍丟石頭丟木頭潑油潑屎潑尿，居然用千人之力擋下了幕府的百萬雄師。這下真的造成了幕府的危機，因為以武立足的幕府，居然對領著寡兵的非御家人、也就是體制外的惡黨束手無策。這場戰役之後，天下真的興起了倒幕的浪潮。也在這時候，幕府軍中的足利高氏宣布倒戈，打入京都消滅了幕府的派遣軍「六波羅探題」(鎌倉幕府的一個官職)。另一方面，源氏的另一個武將新田義貞攻入鎌倉，執權北條高時和其一門親信數百人自殺，由源賴朝建立的鎌倉幕府正式滅亡。

這段看起來像魔法的神奇過程，背後其實有合理的因素存在。因為當時武士間還沒有確立長男全拿的繼承制度，所以公平的土地繼承反而造成農地生產的零細化，讓武士間產生了越來越多的「小農」可是當時又沒有文青幫忙賣農產品。而從平家一族開始，和朝鮮、中國鄰近的西日本，已經因為海運貿易的關係，早就出現了新興的商業活動，和以此維生的非典型武裝集團。在這種新經濟的衝擊下，東方的小農御家人逐漸出現了把土地抵押後無以為繼的困境。這是幕府的掌權者北條一族無法解決的時代大趨勢。另外一個造成幕府崩潰的原因，卻諷刺的是北條家太過「稱職」——讓鎌倉幕府成功抵擋了兩次的蒙古襲來。不管有沒有神風幫助，自費出兵的武士們都付出了極大的犧牲，卻因為沒有從敵人處拿到半點土地而無法獲得獎賞，這也造成了武士們對幕府的離心離德。因為這個首腦機構不再有能力保障他們的權利。

幕府倒了，後醍醐天皇重新親政，號稱「建武新政」，當然之前幕府重立的光嚴天皇就只好請他提早退休回家領月退俸了。後醍醐也嘉許足利高氏，把自己的名字其中一字「尊」賜給高氏，讓他改名足利尊氏（高氏和尊氏的日文發音剛好也相同）。這對人臣、尤其是武士來講當然是至高榮譽，故事就此以HAPPY ENDING結束，君臣豐樂天下太平。

……當然不是這樣。

後醍醐等人的目標，是重回過去天皇家直接親政的美好舊時光，但是經過平家和源氏兩個時代洗禮的足利尊氏，他的理想則是想要拿到武家的最高榮譽，也就是征夷大將軍這個名號。結果尊氏在新政權裡並沒有拿到要職，反而是天皇身邊的一堆貴族佔了高位，征夷大將軍這個官職，則是給了過去從比叡山天台座主還俗的護良親王。後醍醐還為了否定過去幕府的權威，下令今後武士間的土地糾紛，由朝廷統一處理。可是天下的武士土地糾紛何其多、何其複雜，結果後醍醐開始不堪其擾而隨便亂搞，讓武士們苦不堪言。

「這樣我們當初推翻鎌倉幕府為的是什麼啊！」

不只武士開始怨恨，後醍醐在其他政策上也是華而不實，明明天下大亂結束不久，但是他要增稅，只為了建設自己的大內皇居。搞得連貴族都不是很支持天皇。後醍醐作出最大的成功，就是可以把皇位傳給自己兒子，不必再兩統傳來傳去，僅由大覺寺系統獨佔了。

是的。這位仁兄從頭到尾都只想到他自己。

「朕的新儀就是未來的新例」。這是後醍醐天皇留下的有名語錄。有這樣的決心跟魄力，是一個成功的領導者必要條件，但是如果沒有搭配才幹和能力，講這種話就只是個任性、又很會花大錢但是成果沒半撇的夢想家而已。很遺憾的，後醍醐屬於後者。在怨聲載道中，北條家的餘黨發動了反叛「中先代之亂」[4]打進鎌倉。當時鎌倉是由尊氏的親弟弟直義鎮守，足利直義是個能幹的行政官僚，打仗卻是弱得可以。相反地，心地善良又講義氣的尊氏在政治上很笨拙，可是打起仗卻是一等一的高手。而且和一般名門兄弟最不同的，是這對同母兄弟真的感情很好。這下親弟弟有危險了，尊氏馬上向後醍醐請求賜給他征夷大將軍封號，讓他馬上出征。結果自私鬼後醍醐天皇還是不給他當時已經是空位的征夷大將軍，而尊氏也顧不了那麼多，弟弟安危要緊，擅自帶領武士們出兵，把叛軍打得落花流水消滅殆盡，迫使後醍醐只好補任命他一個不乾不脆的「征東將軍」。

尊氏再怎麼善良，也對後醍醐心冷了。於是他留在鎌倉不回京都，開始自掏腰包獎賞參戰的武士們。這個舉動讓後醍醐大為不滿，認為足利尊氏已經有了二心，是在趁機籠絡武士集團。但是尊氏只是單純的覺得：反正後醍醐天皇根本是小氣鬼，而且也不把武士當成是什麼東西，那我就乾脆自己花錢請客這樣總可以吧。

尊氏真的是個好上司，也是個值得當朋友的人。

4 由北條高時遺子北條時行領軍發動的軍事叛亂。因為界於「先代」（北條家）和「後代」（足利家），並且曾經短時間控制鎌倉，因此得名。

足利尊氏後來取得天下後，曾向清水寺提出一篇著名的〈願文〉。裡面的內容大概是「人生如同夢幻，所以我只想出家追求道心和來世的幸福。現世的榮華請全都賜給直義，請菩薩保祐我這個弟弟」。當了將軍的尊氏，在某個節日收受了各大名和貴族送來的一堆珍貴禮品，結果尊氏把親友和部下們一個一個叫來分東西，太陽下山的時候一個禮品都沒有留下。建武新政開始後，尊氏一個好位置都沒有，只拿到一個天皇賜的「尊」字，可是尊氏雖然不爽卻仍然沒有對後醍醐有反叛之意，可見尊氏的忠心。但這可不代表尊氏是個膽小怕事的濫好人。在鎌倉的弟弟直義陷入生命危險，但後醍醐又龜毛毛的不給將軍稱號時，尊氏馬上擅自出兵根本不鳥天皇會怎麼樣。尊氏手下武士看到棟樑是這種帥氣的男子漢，自然士氣大振，奮力把敵軍整個摧毀，並認定尊氏才是真正的首領。戰後朝廷也沒讓人失望繼續裝死，尊氏也貫徹男子漢哲學，自費犒賞從軍功勞者，讓武士們再次確定自己跟隨的是真男人。

結果，後醍醐天皇給真男人的回報是，指定他為叛賊並下令征討。

三、「我想當好人」——孤獨哀傷的天龍寺物語

兵強馬壯的尊氏，當然可以和兵力相對薄弱的天皇方一搏。可是尊氏聽到天皇生氣，第一個反應竟然是剪了頭髮躲進寺院裡，準備出家謝罪，從此可見尊氏的正直。當然，在這個階段你還可以解釋成他膽小敢作不敢當。於是，大將拒絕出戰的足利方，只好由弟弟直義帶兵出征，結果打仗真的很瞎的直義又打了個大敗。更糟的是，直義還假造文書，說就算尊氏出家了天皇也不打算原諒他這樣。

弟弟又陷入危險了。前一天還在假死等天皇處罰的尊氏，聽到這個消息，馬上穿起戰甲出戰。在戰場上的尊氏勇敢無比，甚至幾次陷入死地時，

他臉上的表情竟然是微笑，交代身邊親信，在自己應該要切腹以為戰敗負責的時候跟他說一聲。試想，如果你有「叫小」(膽識，請以台語發音)這麼好的長官，你上戰場怎麼不會熱血沸騰。戰爭的結果，是足利軍大破天皇軍，甚至還把後醍醐打出了京都，讓天皇逃上比叡山。之後又經歷了天皇從東北烙人過來、把尊氏打得逃到九州，結果九州的武士一齊支持尊氏，反讓足利軍打回京都，天皇方戰神楠木正成無奈戰死，天皇又再次逃進比叡山等過程後，足利尊氏在獲得光嚴上皇(就是之前鎌倉幕府抬出來但被退休的天皇)支持而制霸京都，成為天下的勝利者。

就算如此，足利尊氏仍然對多次暗捅自己的後醍醐天皇提出和談。尊氏提出的，是只要後醍醐交出皇位繼承需要的三種神器後，就奉他為「太上天皇」這種不計前嫌的條件。假設後醍醐接受條件而回到京都，交出三種神器後，就能像張學良、孫立人等人雖然被軟禁起來，但是過著養尊處優的生活。可見尊氏這位武家領導者的寬大和善良。

結果後醍醐跑了。跑到吉野地方（大約位於現今的奈良）的山裡，說自己交出的神器是假的。所以他才是真正的天皇。

這就是能力和自尊心不成正比的任性阿北後醍醐天皇。因為他的沒品舉動，日本正式進入「一天兩帝．南北朝」的混亂時代。南北朝最恐怖之處，就在於如果連天皇家都是這種人品的話，那全天下道德崩壞也是剛好的事。所以混亂不只發生於南朝和北朝的對決，而是日本各地都陷入戰火。因為每個地方，多多少少都有大小的地區或家族爭權紛爭，比方說如果某家族內鬥時，老大支持北朝，那老二就跑去支持南朝，單憑私利各自找各自的後台，完全和道德、理念無關，整個日本都進入了這種毫無美學的「無仁義鬥爭」時代。這也是司馬遼太郎感嘆自己唯二無法寫成作品的，除了軍國的昭和時代外，另一個就是這醜惡的南北朝時代了。就在這種戰火四起的時代中，尊氏終於獲得了自己擁立的北朝系統天皇，所下賜的「征夷大將軍」封號。隔年，自私自大的後醍醐天皇過世在吉野的深山簡陋宮廷裡。

死前，天皇身邊的僧侶，勸他放下一切的執念，這樣才可以往生極樂。結果一輩子自我感覺良好的後醍醐這麼回答：

「朕的妄念就是消滅朝敵尊氏一族而讓天下太平。朕玉骨縱埋於南山之苔，魂魄常望北闕之天！」

何等執著，何等氣魄。可是，天下會弄成這樣，就是你老兄搞出來的還太平個鬼啊。

這就是軍國時代號稱中興名君、但只要觀其一生就知道是個自私之人的後醍醐天皇。我寫這段應該會被許多我的日本愛國朋友們公幹。但是就事論事，這位天皇的確精力和毅力、還有某些地方的才華相當過人，但是他同樣過人的自我意識，不只讓他晚年無緣回到帝都，還連帶害天下大亂。描寫這個時代的軍記物語《太平記》，雖然內容根本戰亂大集合，但是會取這個名字，就是取自於後醍醐「下課」前的名言。至於是諷刺還是歌頌，就留給大家自己判斷。也因為被後醍醐這樣的帶衰，所以武勇過人、氣量出眾的足利尊氏雖然創建了幕府，但是有半個天下不聽他的，讓他成為史上最沒場面的征夷大將軍。

尊氏贏得了天下，雖然只有半個。

但是這位新將軍居然為了生前不斷給他裝肖仔捅刀的天皇，建立了為他慰靈的寺院，地點就在大覺寺統的離宮。尊氏是否真的那麼心胸寬大，原諒了任性的後醍醐沒人知道，但是尊氏和弟弟直義，都同樣敬重禪僧夢窓疎石。這位曾任京都名寺南禪寺住持、也創立了與後世名將武田信玄關係密切的惠林寺，還有同為世界文化遺產的「苔寺」西芳寺的高僧，建議足利兄弟為後醍醐建立寺院撫慰其魂魄，而尊氏也接受了。過程中因為直義夢見寺旁的河流中出現金龍，所以就取名為「天龍寺」。有一說是尊氏之所以會建天龍寺，是因為他一直被後醍醐死後化成的怨靈所苦。的確，以後醍醐生前的那種死纏爛打兼自我感覺良好的個性，讓他沒能回到京都再當天皇，還真的有可能讓他變成怨靈。

雖然後醍醐真的讓人覺得話都讓你講就飽了，死了還要變怨靈來煩人到底是怎樣啊。

但是善良的尊氏還是建了天龍寺，而且為了建設經費，還派遣所謂的天龍寺船和中國貿易來賺取資金。在後醍醐天皇死後，南朝的主力戰將新田義貞、北畠顯家也陸續戰死。就在後醍醐的七回祭（死後七週年）時，天龍寺也落成了。南朝凋謝、怨靈也得到供養了，這下總該真的天下太平了吧？

沒有。

被指定為日本第一個「特別名勝」的天龍寺，境內除了法堂裡的雲龍圖引人入勝外，還特別設置了一個重現後醍醐位在吉野山中紫宸殿的多寶殿。而借景背後的嵐山、龜山，由夢窓疎石親自設計的回遊式庭園，更是讓身處其中的人們，可以體會到禪宗特有的自我內省帶來的靜寂之美。但是在這個寧靜太平的佛寺完成後，足利尊氏開始面臨更大的痛苦。成為將軍之後，原本一起打天下的好部下高師直、高師泰兄弟，開始和文治派的親弟弟直義翻臉。好個性的尊氏當然會覺得「大家好好相處都是自己人」，但可惜其他人沒像他有那種好修養。最後弄到高氏兄弟要殺直義，結果直義逃進尊氏家，高氏兄弟用兵包圍尊氏宅邸，逼迫直義出家引退的難堪結局。

這還不是最難堪的。尊氏其實有個細姨生的庶子，叫足利直冬。也不知道為什麼，尊氏跟這個被送給直義當養子的親生兒子感情極差——有人說因為他的母親，是尊氏年輕時在「娛樂場所」的相好，尊氏懷疑他根本不是自己種的緣故。不過直義被迫出家後，在九州的直冬竟然幫自己叔叔、也就是養父抱不平，招兵買馬要準備修理親生老爸。再怎麼樣感情不好，親生兒子(?)給將軍老爸洗臉，是要尊氏如何忍下這口氣。氣炸的尊氏立刻發兵離開京都，要幹掉這個不肖子，但就在出征的途中，又發生了讓尊氏難堪到想鑽地洞的大事。

足利直義跑了。跑去投降南朝。

所以說南北朝這個時代，真的毫無道德倫理就是這樣。和尊氏手足情深一起打天下，還是北朝任命的幕府將軍的親弟弟，竟然為了要報復而投靠死敵南朝。南朝在直義的倒戈下，聲勢大振打入京都，尊氏只好跟弟弟求和。想當然爾，高氏兄弟被判流放，然後在流放的押解途中莫名其妙地「下課」了。兩兄弟和解了。但是尊氏和直義，已經不再是過去那對文武互補、可以為對方放棄性命的足利兄弟了。沒多久，尊氏以出兵為由離開京都，然後立刻展現出要和直義對決的態勢。直義也到了鎌倉，準備糾集反尊氏勢力和哥哥對幹。結果，發生了最不可能的變故。

足利尊氏投降南朝。

你現在終於知道司馬遼太郎說的「南北朝實在沒品到很難寫成小說」這句話的意思。時代的悲哀，讓尊氏這種漢子都淪落成這種德性。南北朝短暫一統，尊氏一樣能打，直義一樣打仗很瞎，後者當然戰敗。尊氏不會殺自己的親弟弟，所以他把直義軟禁了起來。一個半月後，直義突然過世了。是病死還是非自然死亡，你自己想。

尊氏明明只想當一個好人，但是無情的時代，逼迫他必須去承擔這些罪業。為了維持武家棟樑的尊嚴，熱血漢足利尊氏變成了一個自己都不認得的人。直義死後，尊氏常常生病，因而引退把政務交給兒子義詮。晚年的尊氏仍然篤信夢窓疎石的佛法教導，常常拜訪天龍寺迴向後醍醐天皇。或許，成為最後勝利者的尊氏，坐在寧靜優美的天龍寺庭園緣側時，也曾像普通老人般仰望著天空沈思。

那個用充滿理想的眼神望著自己、嘉許自己戰功的熱情天皇。

那群肯為自己賭命、在戰場上甘為自己盾牌的血性漢子手下們。

那個曾經以兄長為傲、和自己生死與共一同長大的可愛弟弟。

不管是笑，不管是淚。他們曾經都是自己最親密的人，卻一一離開自己，而且直接或間接死於自己之手。尊氏如願成為征夷大將軍，完成了足利家的悲願，是最後殘存的勝利者。但是天下仍然混亂，親生兒子直冬仍然把自己當成殺父仇人。然後，大家都不在了。在佔地廣大的天龍寺裡，只留下幕府將軍足利尊氏孤獨一人。

足利直義死後五年，尊氏上旨請求加封直義為從二位。兩個月後，尊氏逝世。

四、北山第。稱為金閣的野望之城

足利義滿的金閣寺和足利義政的銀閣寺，除了是世界文化遺產之外，同時也是觀光客到京都的必遊之地。而金閣和銀閣，也正是室町時代兩個影響後世深遠的北山、東山文化的基地。北山文化和東山文化，分別由足利尊氏的子孫，也就是第三代將軍足利義滿和第八代將軍足利義政所完成。這兩位將軍雖然相隔五代，但是其實義政是叫義滿阿公的。只不過，一樣是足利將軍，也同樣創建了兩個文化重鎮，但是拿義滿的名字和義政相提並論，對阿公義滿而言根本算是一種污辱。因為在足利義滿的時期，日本不僅內政和對外關係都達到頂峰，而且足利家本身的權勢大到凌駕於天皇家之上，甚至還有許多史家提出了「義滿皇統簒奪論」。也就是說，足利義滿曾經想要幹掉天皇家。

這可是連織田信長、豐臣秀吉、德川家康等氣吞天下的英傑們都不曾想過的事。

當然最後這個計謀以失敗告終。

但是今天在夢窓疎石圓寂之地、位於天龍寺外不遠處的臨川寺裡，典藏著足利義滿的位牌，位牌上面寫著「鹿苑寺太上法皇」。這個稱號雖然只非官方地存在於天龍寺外院的臨川寺，但是其實義滿過世時，朝廷還真的送了他這個稱號，是被義滿的兒子足利義持以誠惶誠恐為由拒絕的。可見義滿作為一個政治家的厲害和其權勢之恐怖——雖然足利義滿真正恐怖之處還不止如此。相較起來其孫雖然創立了和金閣寺齊名的銀閣寺，可是作為幕府將軍、作為一個政治家的力量，義政遠遠比不上阿公義滿。在義政的不負責胡搞之下，日本打開戰國時代這個潘朵拉盒子。但是這位無能的將軍，也同時打開了日本文化的寶盒。義政所創造出的東山文化，被司馬遼太郎和內藤湖南、甚至岡倉天心都推崇為日本文化的原型。

不過同樣身為足利一族，義滿和義政卻有和其先祖足利尊氏令人驚異的共同點。那就是「被詛咒的血統」。足利尊氏親手殺死自己手足情深的弟弟，也和親生兒子直冬反目成仇。而足利義滿雖然權傾一時，卻也因為自己對兒子間的大小眼，讓後代在他死後手足相殘。足利義政更是因為自己的任性和沒責任感，讓弟弟足利義視從家人變仇人，最後千方百計擺上將軍位子的兒子足利義尚，也在義政死前一年過世，讓自己白髮人送黑髮人。義滿和義政這兩位各擁有一座世界文化遺產的足利將軍，他們精采的文化成就，背後的詳細暗黑歷史在拙著《表裏日本》中多有著墨。這次我們從另一個角度來看看足利一族的光和影。

從足利尊氏兄弟篤信夢窓疎石開始，足利家就延續著過去武士的傳統，是禪宗裡的臨濟宗的忠實信徒。所以如果從「禪」出發，來看這足利家三位代表，會有極特別的領會。武士之所以會篤信禪宗，是因為平時就以殺生為業的武人們，根本不可能遵守戒律嚴格的奈良或是平安系統的舊佛教。所以強調實踐哲學、以「只管打坐」來明心見性，講究磨練自我的禪宗，自然成為了武士們的精神寄託。所以足利尊氏的勇敢和淡泊生死、無欲無求，或許就來自於這種禪宗所教導的精神哲學。對生活在戰亂之中，幾乎沒有一天安穩的尊氏而言，天龍寺一方面是供養宿敵、同時也是老長官的後醍醐天皇之所，更是他在充滿殺戮和背叛、慾望和無常的人世中，可以稍作休息的安祥之地。夢窓疎石所設計的禪意盎然庭園，和廣大的寺院境內地，多多少少都反應了尊氏的這種心情。

金閣寺就不一樣了。

金閣是個三層建築。特別的是這三層建築完全是不同風格——雖然從非專門家看來，那就都只是「日本風」建築而已。不過如同金閣寺的官方說明，金閣的第一層稱為「法水院」，是平安貴族和皇室風的「寢殿造」。第二層叫「潮音洞」，是武士住居風格的「武家造」，或稱住宅造。第三層則是禪寺建築風格，名為「究竟頂」。所以這真的很奇怪，就像台灣的總統府一樓弄成歌德風，二樓是巴洛克建築、結果三樓是清水模安藤忠雄風一樣奇怪。最有趣的是，這棟雖然毀於昭和時代的縱火案而重建的浮誇建築，號稱金閣但真正舖上金箔的只有二樓、三樓——雖然當時也有論爭指出，其實原本有金箔的應該只有三樓。不過這代表什麼樣的意義？

一樓代表貴族。二樓代表武士。三樓的禪宗建築，則是代表出家為禪僧後的足利義滿自己。二、三樓舖上金箔而一樓沒有，就是一種對過去壓迫武士的貴族和皇家們的最大宣示，宣示今後誰才是真正的老闆。而一、二樓大小一樣，三樓尺寸變小的設計，或許也在暗示居高臨下、統治武士、皇家貴族的義滿一族之獨佔和高貴。

今天我們稱這座建築為金閣，但是它真正的名稱叫「鹿苑寺」。這是它被改為佛寺後的名稱，過去它還是足利義滿處理政務的山莊時，稱為「北山第」，而過去北山第的佔地，是現在的數倍大，金閣旁邊還有名為「天鏡閣」的大型宮殿，據說也貼滿了金箔。此外，北山第裡更存在著巨大無比的七重大塔，北山第的周圍滿是林立了許多被義滿遷到附近的名寺或是政府機關，擺明了就是要把京都的重心，移到自己的權力堡壘。雖然這些弘偉的措施，幾乎都被和義滿感情不睦的兒子義持全部打掉，但是從考證中我們仍然可以看到義滿的野心和格局。

對豪放而高調的義滿來講，禪宗的精神意涵，根本只是他宣告權力的工具，穿在身上的法衣只是他完成野心的保護色。

武士們熱愛禪宗還有另一個理由。就是奈良舊佛教和最澄所創的天台宗比叡山，對他們而言都是舊時代貴族文化的代表。這些寺院也隨著歷史的遞進，而演化成具備武力的壓力團體[5]。所以扶持禪宗除了精神因素以外，其實也有政治考量在內。所以早在鎌倉時代，就制定了所謂「鎌倉五山」、也就是選定五個代表性禪宗寺院的制度。但是後來尊氏的天龍寺落成時，就連天皇蒞臨，都被比叡山和興福寺的僧兵抬著神轎出來抗議，可見舊佛教勢力仍然非常強勢。十一歲就繼任將軍的義滿，在年少時代就因為禪宗的大寺院南禪寺要建立新的建築，所以在道路上開了「關所」要收過路費，引發園城寺的稚兒一行人要強行通過、結果雙方打了起來，導致稚兒被殺的暴力事件。當然園城寺也出動僧兵報復，殺了禪宗方面不少人，後來又因為雙方的互嗆而導致隸屬平安佛教的比叡山勢力向幕府抗議，而且是採用在京都四處殺人放火的抗議方式。幕府最後只好屈服，派兵把南禪寺的樓門連根拔起式的拆除。

這就是足利義滿剛當上將軍時的宗教環境。

但是這位出生就是將軍的政三代，卻是個無比的政治天才。雖然手段有點卑鄙，但是他促成了戰亂延續三代的南北朝統一。在獲得了這個極大成功之後，他開始了一連串對自己表兄弟、也就是當時的後圓融上皇所代表的天皇家，進行一連串的「霸凌」。包括對於人事權的奪取，甚至連過去只限於公家貴族子弟出家的「門跡」制度，也開始染指，搞到後來連京都佛教最高聖地的比叡山天台座主，都由自己的兒子義圓出任。這位義圓就是後來一度重振幕府雄風的足利義教，這是後話。甚至這些要消滅皇統的手段中，還包括最下流也最直接的方法。

聽說足利義滿睡了很多上皇的妃子、甚至正宮。

這也就算了，傳說中足利義滿還強迫上皇之子、也就是後小松天皇的長子出家。這位皇子出家後大名鼎鼎，法號一休宗純。沒錯，就是那個你看卡通裡常常跟將軍一句來一句去的一休和尚。是的，那個電視上充滿正能量的故事背後，就是這樣的黑歷史。更可怕的是，後來足利義滿也死了，繼任後

5 編註：可以產生壓力，影響政治運作的團體。

小松的天皇也沒幾歲就掛了。那照正常來講，應該可以讓一休恢復身份、還俗繼位吧？結果皇統交給了另一個根本血統相距甚遠的後花園天皇，據名作家海音寺潮五郎的說法，是因為朝廷不想讓足利義滿的血統進入皇室。因為許多人懷疑後小松天皇根本是足利義滿的種。如果真是這樣，那卡通裡的一休和將軍，根本就是阿公在含飴弄孫。

是的。很多人應該童年崩壞了。

義滿當然是禪宗信徒，甚至後期他還出了家，所以才會死後敬稱「鹿苑院太上法皇」。而義滿也設置了包括別格本山[6]南禪寺的京都五山[7]，其中包括了從名稱就誇示自己權力的相國寺。而義滿也充分運用他身為禪僧的身分，包括金閣寺的建築形式，或是以自己是出家人為由，躲掉了和大明進行貿易時，需要向中國使節行三跪九拜禮的屈辱。結果這位「幻之法皇」在運用權力時虎虎生風，在對自己不利時就活用自己已經脫離俗世的身分。從這點來看，尤其是從天皇家的角度來看，義滿簡直是穿著黃袈裟的惡魔。

下次你再到訪金閣，應該會從金箔的華美光芒裡，看到無數道慾望和野心交錯的混亂反射了。

五、東山、北山、嵐山的文化人類學巡檢——銀閣寺、金閣寺、天龍寺、西芳寺

不同於足利尊氏和足利義滿這兩位才能和個人魅力破表的前人，創立銀閣寺的足利義政如果當你朋友，你應該會覺得他廢到想尻他一拳。但是對於日本文化的貢獻，他又遠超過前面那兩位亂世英豪跟治世奸雄。足利家世代信仰的禪宗，在義政的時代完全內化成為美學的基本，所以乍看之下黑黑

6 所謂「別格」就是特別待遇之意。

7 指天龍寺、相國寺、建仁寺、東福寺、萬壽寺

臭臭的銀閣寺建築群，就是日本「侘寂（わびさび）」靜寂之美的起源聖地。尤其是被稱為銀閣的觀音殿，其一樓的書院造，正是日本傳統家屋的思考源流。銀閣寺裡平日非公開的東求堂同仁齋，更是日本茶道的茶室規格起源。也就是說，銀閣寺可以說是日本茶道、花道、甚至香道、歌會（詠嘆和歌，互相評比交流）等傳統文化的發源地。境內向月台上用白沙堆成的精緻銀沙灘，可以說是許多人對於日本庭園的典型印象代表。這座銀沙灘雖然成型於後來的江戶時代，作者不明，但卻是義政所開創的北山文化，在後世開花結果、後人發揚光大其精神的最好見證。

而「東求堂」和「同仁齋」這兩個名字，正好也顯示出了義政的人格特質。

東求堂取自禪宗六祖慧能有名經句：「東方人念佛求生西方」。這句話雖然還是取自於武士信仰的禪宗典故，但也很明顯地表現出，和淨土宗一樣的念佛求往生極樂世界思想。可見義政之所以建築這處逃避凡世的別莊，就是為了建構自己的「極樂世界」，也可見他多麼不喜歡政治、作為一個將軍多麼不負責任。但也因此，我們有了今天的日本文化可以欣賞。

另一個關鍵字「同仁齋」則表現出義政的另一個理念，就是在阿彌陀佛前，所有眾生一律平等。禪宗的信仰者盛讚阿彌陀佛，或許在以「禪」、「淨」雙修為主流的台灣人眼中看來並不奇怪，但是從宗派上來看，以打坐等自我鍛練作為開悟手段的禪宗，和將所有希望都寄託在阿彌陀佛、只求往生極樂的淨土宗，根本是不相容的思想體系。但是既然義政都想逃離俗世了，這點思想上的差異，對他來說就不是個問題。還有一個原因，就是義政為了打造出自己理想的庭園，大量採用了身分低賤的河原眾（聚居於鴨川沿岸的非農業民）參加作業。在身分制度嚴格的當時，這些河原眾都號稱信仰念佛的時宗[8]，並取法號為相阿彌等，藉由這種方式脫離俗世的身分制序，而義政

8 編註：鎌倉時代末期，從淨土宗分出的之派。

也大膽將這些賤民們稱為「同朋眾」，和他們一同規劃庭園建築、甚至茶道跟藝術。所以，同仁齋正取自於「聖人一視同仁」之義，在藝術這個大理想下，義政還真的和他們一同作業，打破身分的隔閡。

最爛的政治家，卻也是最好的文化人足利義政。

離開銀閣寺，西田幾多郎、田邊元等京都學派學者們的最愛「哲學之道」就在附近。往南則是京都五山中的別格本山南禪寺。除了品嘗京都著名料理湯豆腐之外，也別錯過南禪寺壯麗的伽藍（寺院建築），和境內的琵琶湖疏水水道橋。在南禪寺門外不遠的高級旅館「八千代」歷史悠久，不管是料理或是宿泊都是一絕（據說就是大盜五右衛門在上面遠望京都，笑道「絕景、絕景」的故事發生地）。

離開東山地區前往北山前，會先到達京都市內歷史最久的禪寺建仁寺。這間在本書第二章的清水寺洛東巡檢就提過的寺院、同時也是京都五山之一的禪寺，絕對值得你再走一回，因為名繪師俵屋宗達的代表作、也可以說是外國人心中日本經典意象「風神雷神圖屏風」，就是這裡的典藏品。

在拜訪聞名世界的金閣之前，不妨看看義滿真正的心血之作——相國寺。這座境內擁有過去日本最高建築物七重大塔（現已燒失）的禪寺裡，除了壯麗的寺院建築外，還有和建仁寺同樣巧妙的鳴龍裝置[9]，以及值得一看的「宣明」，也就是傳統的佛寺內傳統浴室。當你在相國寺的境內漫步時，也請記得這個今天看來寂靜的寺院，過去卻是義滿設立在皇居旁，用高塔傲視著天皇家的雄心展現。

藏有足利將軍歷代木像的等持院，就在離金閣寺不遠的另一個文化遺產——龍安寺旁。在等持院可以拜見足利歷代將軍的尊容，裡面還有德川家康的木像。之所以會有德川家康的木像，是因為德川家極為強調與足利家同為源氏的血緣，甚至在足利家式微後，還給了許多和足利家有血緣的家族極高待遇。這可以說是德川家對於同為幕府將軍的前輩的尊崇，但或許也可以

9　編註：在天花板繪有蟠龍圖的法堂中，於特定的位置用手輕敲某物或地板，就會因為多重回音的現象產生特別的回響音。

說，是德川家對於自己家族血緣出身可疑、劣等感作祟的補償。但是足利家歷代將軍像中沒有第五代將軍義量，也沒有第十四代將軍義榮的木像。足利義榮因為身處將軍家衰敗的末期，所以連京都都沒進過，不被算進歷代將軍情有可原。至於第五代將軍不被計入的原因，應該是因為義量早死，而第六代將軍義教其實是第四代義持的弟弟，也就是五到六代間是叔叔接外甥之位，就古例來講並不吉利的緣故。

金閣寺是京都世界文化遺產中歷史最短的。但是它所內含的歷史意義和背後的故事，就像前面所述一樣，絕不輸給其他任何一座名勝。除了全金箔的華麗外觀外，一般人所看不到的三樓地板所用的黑色塗漆也是一絕。在重修金閣內部時，黑色的地板所用的淨法寺漆[10]是日本國產漆中的最高級品，當時用了一・五噸的漆量，讓淨法寺漆幾乎從日本的建材流通市場上消失，因此傳為一段逸話。至於反射在鏡湖池中的金閣有多美，春夏秋冬各個季節有什麼樣的不同風情變化，這就只能你親眼見證，不必再用文字多說明了。

但當你欣賞金閣之美，請務必記得一件事。

不要再想起一休和尚了。那只會讓你自己難過而已。

嵐山是京都有名的風景名勝。不管是附近的竹林道或是渡月橋，不只是遊客喜歡到訪的景點，更是婚紗攝影的盛地。我自己就在這裡拍了和服婚紗，還在途中被讀者認了出來——在嵐山這種地方突然聽到「請問你是蔡桑嗎」，的確是個一生難忘的經驗。而由聖德太子開山、途中輾轉成為淨土真宗開宗祖師親鸞的雲水地[11]，一度歷經沒落、後來再由夢窓疎石重新復興的西芳寺，就在從天龍寺走過渡月橋後的四公里遠處。這個通稱「苔寺」的寺院，正如其名，庭園被一整片的青苔所覆蓋。今天我們會覺得這是一種日本式的美，但其實過去造景時，青苔也被視為一種無用之物。正因為有禪宗的獨特思想，才讓「無用之物」的青苔成為主角，成就了這座據說是金閣寺和

10 編註：產於岩手縣二戶市淨法寺地方的稀有漆種。

11 編註：古稱四處漫遊的行腳僧為雲水僧；本文的雲水地指宗師親鸞落腳修行之處。

銀閣寺設計藍圖的文化遺產。這座參觀前需要特別用明信片申請、拜訪相對麻煩的寺院，據說也是蘋果巨人賈伯斯在京都的最愛之地，他從苔寺獲得了許多的靈感。

原來藉由西芳寺，一休和尚的金閣寺和我們手裡的IPHONE連接了起來。

天龍寺的起源，其實起於之前提過的九相圖主角——檀林皇后所創立的檀林寺。這座用來迴向後醍醐天皇怨靈的寺院，建設經費來自於由幕府主導的代購團（？！）天龍寺船。這座擁有包括典藏足利義滿「鹿苑院太上法皇」位牌的臨川寺（非公開）的眾多別院、還有夢窓疎石指定之天龍十境[12]的佔地廣大寺院，似乎從一創設就和戰爭脫不了關係。這裡不但是一生歷經無數戰火傷痕、最後空虛迎向人生盡頭的足利尊氏，憑弔舊主後醍醐、甚至亡弟足利直義之地，之後還遭遇多次祝融之禍；應仁之亂時這裡也成為戰場，在幕末的蛤御門之變（禁門之變）時，更是長州軍的駐紮地，所有建築幾乎付之一炬。此外，天龍寺除了典藏室町時代以來的寶物外，最獨特的就是「飛雲觀音」。這座為紀念太平洋戰爭空戰死難者的青銅觀音像，除了有當時天龍寺管長（日本宗教團體的最高指導者之職）、和落成時已經一〇五歲的清水寺住持大西良慶題字外，還有過世時才十九歲的神風特攻隊員字跡。為了祈求今後的和平與航空安全，觀音手中拿的是刻著「十字架」的火焰寶珠。

室町時代雖然是戰亂的時代，但是其實也是平民力量崛起、生產量大為提升的進步時代。就政治的角度來看，足利一族真的不是高明的統治者。前期的南北朝和末期的戰國時代，更是號稱日本史上倫理價值最淪落的時代。但是就在這種「最壞的時代」裡，人類仍然不斷的往前走。就連足利義政這種等級的領導者，都在文化上留下了巨大的足跡。而像足利義滿般的「惡人」，也在當時用勘合貿易帶給日本在經濟上的驚人發展。反倒是足利尊氏

12 編註：指普明閣、絕唱谿、靈庇廟、曹源池、拈華嶺、渡月橋、三級巖、萬松洞、龍門亭、龜頂塔。

這種「有良心」的英雄，最後卻雙手染滿鮮血，而且還得接受日本一分為二的無奈結局。

或許這就是人世的無常。但是換個角度想，那時候貴族公家們感嘆是人間地獄的室町時代，雖然得常常面對戰爭的生死交關，可是好像比起閉塞不前的現代，卻多出了百倍的可能性。不管在哪個時代，只要停止「過去有多好、今日有多差」的悲嘆，勇敢地接受自己的命運和時代，那麼就像足利將軍家一樣，或許不一定能達成世俗的成功，但仍然可以留下一些自己生命價值的證明。

始於戰爭，終於動亂。起於田野，滅於帝都。這就是足利將軍家華麗一族的故事。

【第六章】

戰國紛亂篇

對極的英雄，燦爛的文化

一、開啟日本新時代的應仁之亂和新英雄們

學者內藤湖南曾經說過，應仁之亂對日本歷史的發展是最重要的一個關鍵。因為在這場把京都幾乎摧毀的戰役後，開始了下級階層往上竄起的社會對流現象。在室町時代前興起、壓制原來貴族階級的守護大名們，再次因為長年的階級固定化而失去了原有的活力和積極，應仁之亂後主導權再次被來自地方的新興武裝住民取代。這些被稱為「國人」、對鎌倉時代以來的武裝貴族們言聽計從的各地居民們，在以京都為中心的政爭讓這些守護大名間互相攻殺、慢慢失去對地方的控制力之後，開始發現原來地方的國人們需要的不是老闆，而是自己可以成為一方之霸的新時代。

在應仁之亂後的戰國時代裡，舊守護大名除了山梨縣的武田家、東北的南部家、九州的島津家和關東的佐竹家等，其他幾乎沒落殆盡。而鼎鼎大名的「關東管領」上杉家雖然一直存續到江戶時代結束，但是大家都知道那是

因為上杉家把信越地方的戰神長尾景虎納為養子，讓新誕生的上杉謙信承續家名，但是實際上支撐這個武家名門的，還是地方興起的新武士集團。

這個整個社會不斷翻攪、號稱「下剋上」而有機會用才幹和實力打破血統之牆的新時代，對士民而言可說是充滿機會的時期。但是對京都貴族們來說，卻是無比悲慘的黑暗時代。不斷持續發生的戰亂讓千年古都的文化資產被破壞一空，名為「足輕」的下層階級，完全不講倫理和美學，只追求實利、穿著簡陋的防具，透過暴力和掠奪這種最原始的手段，對過去重視血統、講究體面的舊社會展開最激烈的反撲。也因此，今天雖然京都號稱奠都一千二百多年，包括十七處世界文化遺產的名勝古蹟，卻很少有歷史超過六百年的現存建築。

大家聽過「大報恩寺」這個京都古剎嗎？

這座又名「千本釋迦堂」的真言宗古寺，同時也是日本賢內助傳說「阿龜」的發祥地，是座位於京都市郊、離北野天滿宮不遠的小寺院。而寺內眾多的國寶和重要文化財，卻絕不會讓喜歡日本文化的朋友們失望。這間在古寺林立的京都裡看來無甚特別的寺院，其實擁有一個鮮為人知的最高名譽。

它是京都市內「最古老」的建築物。

是的。大家口中的「古都」京都，其境內各個名勝古蹟大多毀於日本戰國時代開端的應仁之亂。這場分成東西軍、在日本首都混戰的戰役，把清水寺、金閣寺、祇園八坂神社等大家心目中歷史悠久的建築全都化為戰火灰燼。現在大家所看到的這些古蹟，全都是後世重建的。能夠逃過這場瘋狂戰火的，就只有大報恩寺跟法觀寺的八坂之塔等少數建築了。

銀閣寺之所以能留到現在，是因為它建立於應仁之亂以後。而建於鎌倉時代初期的大報恩寺，則因為當時被西軍首領山名宗全當成根據地，才幸運地逃過戰火的摧殘。但就算如此，今天大報恩寺的本堂大柱上，還留著當時戰鬥時所留下的槍刺以及鐵砲射擊痕跡。

應仁之亂對於京都當然是場大災難。而這場大難起始於足利將軍家的私德不端，再加上各大名間的醜惡慾望衝突，以致全面引爆（詳見拙作《表裏日本》）。這場幾乎「清洗」掉京都所有文化遺產的戰亂，同時也清洗了日本的社會結構。在經過了幾年的京都市區巷戰和在地方與其連動的數場戰役之後，分裂的足利將軍家和細川、山名兩個主力參戰大名終於和談。但是應仁之亂所引發的效應，讓日本挑戰舊權威的能量全面啟動。數年之後，這些因為私心私慾挑起應仁之亂的舊權門，一一被時代淘汰而沒落，新英雄們開始從地方草莽崛起。而京都雖然仍然保持著文化上的優越地位，但是失去政經功能後，首都風華不再，貴族們的困窮不在話下，就連皇室也場面盡失，後奈良天皇甚至衰小到要寫字賣錢來貼補家用。這個日本終於拋棄自飛鳥時代以來對「首都」的文化自卑，邁入各地方開始出現地方特色和鄉土驕傲意識的時代，同時也是京都受難的時代。

而這個大混亂時代所產生的新英雄，除了「戰國魔王」織田信長以外，自然就以豐臣秀吉和德川家康兩位英傑為代表。這兩位英傑一位根本出身低賤到不可考，另外一位則是號稱出身源氏，不過也是擺明唬爛的可疑源氏家系。戰國是京都最黯淡的時代，不過京都世界文化遺產中的醍醐寺和二條城，卻是這兩位英雄留給這個千年首都的時代見證。

如果如司馬遼太郎所說，日本人的拘謹和守法精神來自沉悶的江戶時代，那麼戰國時代和戰國三英傑所代表的安土桃山時代，就是日本人史上最有進取心和即物思考、甚至攻擊性的光輝時代。而先驅的秀吉和承繼的家康，兩人的性格對比，剛好也是日本這種民族性轉換的投射。從大眾偶像秀吉舉辦華麗賞花大會的醍醐寺，走到深沉霸王家康建構在京都的權力要塞二條城。這段路程正好也是日本從躁動卻充滿活力的戰國時代，進入和平但能量內斂的江戶時代這段歷史過程的最佳寫照。

看過《表裏日本》的讀者朋友應該知道，所謂的幕府將軍並不像皇帝或是中央集權制中的長官，反而更像是一種合議制議長般的存在。所以源賴朝是以他的高貴血統為號召，以共同領袖的身分統領武士，有力武士們是尊敬源賴朝、把他奉為武士大家族的家長，而不是他的直屬部下，這就是源賴朝手下的有力武士被稱為「御家人」[1]的原因。而源賴朝死後，各有力御家人們開始互相攻戰，最後由將軍夫人北條政子的娘家北條氏成為所謂「執權」（將軍家的管家），幕府在源家三代血統滅亡後仍然能繼續運作的理由也與此有關。因為當這個議長的實質功能被北條家取代之後，北條家只要想辦法找到一樣高貴的血統來坐那個空殼議長的位置就可以。所以到後來不僅出現了京都貴族子弟出身的將軍，甚至還有天皇皇子出身的「宮將軍」登場，高貴個沒完。

而經歷過戰國時代這種硬碰硬的實戰年代，身經百戰的老狐狸德川家康所創立的江戶幕府相較下就比較不那麼善男信女，德川家的的確確是以武力為基礎支配整個江戶時代。雖然德川家並不是統治整個日本領土，號稱「天領四百萬石」的德川家僅佔全國總生產量約百分之十五。不過如果加上德川

1 編註：鎌倉時代，與幕府將軍保持主從關係的武士。

家的血親藩和譜代（從家康之前時代就侍奉德川家的家臣受封藩），就有約七、八百萬石的軍事實力。所謂的「石」就是一年一個人所需要的稻米量，所以八百萬石的生產量，就可以大略回推其領下擁有養活八百萬人的經濟實力，換算成兵力大概是十六萬人的部隊能量。而幕府體制的重要之處，就在於各個稱為「大名」的家族其實是獨立的存在，所以包括剛才提到的親藩和譜代，他們的內政和財政其實都是各自獨立，只是和幕府關係極為親近，在有軍事行動時會同進退而已。

在這種前提下，當然會有勢力龐大但是比較不聽話、甚至和德川家不對盤的大名存在。這種大名就被稱為「外様」，也就是外人之意。當然德川家康在分封領地時安排得非常巧妙，有可能假鬼假怪的外樣大名旁邊，都安插了譜代或是親藩就近監視。表面上各藩雖然內政獨立，德川家理論上也只是眾武家的代表者而已。但是這個代表卻可以利用各種理由介入各藩的繼承、甚至家中內鬥等問題，趁機找藉口把這些大名改封，使其領土大幅縮水甚至

「改易」，也就是把整個藩解散沒入天領。能夠作到這些事就是因為德川系統的八百萬石實力，可以讓各大名知道德川家「是在大聲什麼」。而進行這些整肅時，其他的大名也只能忍氣吞聲。因為德川家本身強大的軍事力，就夠讓想抱不平的其他大名不敢起爭議了。這種以拳頭大小決定講話聲量的精神，一直要到和平時代持續了兩百多年的江戶時代末期後才慢慢消失。雖然幕末時代的江戶幕府看起來很廢，但是那是一種制度疲勞，早期的德川家可真的不是什麼好吃的水果。

無論如何，鎌倉幕府的源氏最少開創了武家政治的先河，而且後來的足利家、德川家一個是如假包換的源氏名門，一個則是自稱、而且還是非常可疑的源氏家系，還真的完成了不是源氏就無法開設幕府的非成文例。尤其德川家是三家裡最像將軍的將軍，一直掌握大權到政體崩潰為止。

當然，德川家並不是從亂世崛起後就一路稱雄。相反地，德川家在還叫松平家的地方土豪時代倒楣了很多年。家康的父親和祖父都在二十幾歲就下課，而且祖父還是被家臣謀反殺掉的。家康本身也在織田、今川兩家當了很多年的人質，儘管長大獨當一面之後，也一直立足於盟友兼老大的織田信長陰影下。儘管織田信長死在本能寺烈火中之後，還是有十幾年的時間被信長的實質繼承者豐臣秀吉踩在腳下。

德川家康當然是個開創近三百年和平的英雄。雖然他「神君」的光環在明治維新後褪去了不少，不過其過人的軍事政治才能和領導統御術是無人懷疑的。但是相較於近代以來不太受人喜歡的家康，豐臣秀吉卻是個如假包換的大眾人氣王。當然，讓日本出現「判官びいき」的弱者、敗者同情論的源義經，還是永遠的民眾偶像。但是兩人相比之下，源義經像是長相秀氣、舉止瀟灑的傑尼斯貴公子，而秀吉更像是稱霸歌廳秀場的日本豬哥亮。秀吉的魅力就在於其出身平民（甚至可能是平民以下的賤民），卻以在信長手下打雜的「做工的人」身分，在仍然講究一定程度門第的時代裡，成為日本天下第一人的勵志人士。同樣歷經苦難而爬到頂峰，家康給人的印象就是遇到困難「忍忍忍忍

忍忍忍忍」，而秀吉卻是遇到困難「哈哈哈哈哈哈哈哈」這樣。很湊巧的是，二條城和醍醐寺，參照這兩人的風格來看正好有一種趣味的對比——二條城和家康的性格一樣厚重而武骨，醍醐寺則是高貴與榮華。但是若從連綿數百年的武家德川家和幾乎一代興亡的秀吉王國來看，二條城卻又相反地幾乎沒有歷史背景，而醍醐寺卻是歷史悠久的名寺。這些部分都是值得我們後面慢慢解析的耐人尋味之處。

二、點燃戰亂的天龍人・龍安寺的細川勝元

如果沒有應仁之亂這場撼動天下、打碎足利將軍家威信的大戰，就沒有後面秀吉和家康出頭的戰國時代。因為應仁之亂這場發生在京都、最後發展成全國大混亂的私兵衝突，除了買單了百分之九十以上的京都名勝舊蹟之

外，對於戰鬥人員的大量需求也讓低層階級發展出了「足輕」這種近似土匪的自由業傭兵。當時的貴族對此深惡痛絕，甚至還在給年幼將軍的教材《樵談治要》中建議要「永久停止足輕這種階級發生」。但是貴族就是貴族，一種階級既然應社會時代的變化出現了，怎麼會是你說停止就停止的。不過，就像受過訓練的格鬥選手有時候會輸給街頭混混一樣，當時的武士還是講究穿搭美學（全套甲冑）和類似「說好不打臉的」等等的戰鬥規則，有頭有臉的武士要是用賤招殺了敵人，也是留著讓人當笑柄而已。但這些本就出身低階層、穿著簡便式盔甲，和陳浩南山雞一樣什麼沒有就命一條出來混的足輕們可不鳥這套。趁人不備，打。以多欺少，砍。有女人在，搶。名勝古蹟，燒。貴人宅邸，搶了再燒。

這種聽起來道德淪喪的新階級，同時也代表了「日本人民站起來了」的新時代來臨。由於成為足輕不需要任何身分背景，只要戰鬥能力——如果講難聽點，就是「打贏時殺得夠狠、打輸時跑得夠快」的能力夠強就可以勝任。同時，也因為沒有身分背景，所以不必在乎什麼體面和鎌倉傳下來的那套「武門的道理」。所以這種幾近惡魔的掠奪人種的出現，就等於是當時沒錢沒勢沒背景的魯蛇們突然出頭天，然後對開超跑、喝紅酒、養小三還要三不五時虧一下年輕人真沒用的慣老闆們展開的大反擊。

而造成這種新局面出現的應仁之亂，就像前面室町篇所說的一樣，是文青將軍足利義政的「文化歸文化，政治歸政治」所造成的。不過在任性的足利一族背後，有著兩股大名力量在支撐著，試圖從這場骨肉相殘中獲得最大的政治利益。這兩位大名一位是後來的西軍大將山名宗全，另一位則是細川勝元。

山名宗全是出身西國的實力派大名，而細川勝元更是出身代代世襲右京大夫官職的細川京兆家——因為細川家歷代都是足利將軍家的管領，也就是總管職。既然右京大夫在律令制中是掌管西京都的官職，所以就有了引自中國古典的「京兆尹」（首都市長）美稱。這兩位大將一文一武，山名宗全個性豪放而直爽，細川勝元則是氣質出眾、或稱假掰的謀略家。就在這兩位仁兄一下子支持將軍弟弟、一下子支持將軍兒子、一下子又可以交換支持人選下的胡搞瞎搞後，日本百年以上的戰亂期就此開幕。

然後山名宗全是細川勝元的丈人。

所以才會說足輕的出現真的是一種下級階層對上流階層的報復。讓京都陷入了十年以上的戰火，全國各地更是爭戰了百年以上的大亂，全都是因為這些「好業人」在自己家裡網內互打爭家產。所以雖然當時貴族們感嘆足輕的殘暴和文化財被破壞是世界末日的來臨，但是如果從平民的角度來看，這樣好像只是剛好而已。

但是這兩位任性大名引起的燒光京都文化財大戰，在另一方面卻又創造了新的文化。應仁之亂把京都燒個精光之後，原本逃難離開的職人回到京都，在原來的西軍陣地遺址發展出了新的紡織工藝，也就是今天京都傲人的西陣織。而篤信禪宗的細川勝元，除了工於心計、生前不斷捅刀敵人和隊友之外，也創造了世界文化遺產之一——以枯山水和石庭聞名的龍安寺。

長年在首都擔任將軍家執事的細川家，還真的因此培養出神奇的天龍人氣質。細川家歷代都出了很多幾近神奇的文化阿宅。細川勝元就不用說了，他那權力大到被稱為「半將軍」的兒子政元更進階一級，政元篤信修驗道的「飯繩秘法」，終身不近女色一直單身，但是男色不在此限（咦）。

……原來阿宅們的魔法師傳說是真的。

而細川家的後代、換公司到織田信長底下服務的細川藤孝，更是精通各種古典和藝術，除此之外他還是個會把自己愛用的菜刀放在木盒裡隨身攜帶，拿出菜刀在盒子上舖上宣紙，當場料理鯉魚然後宣紙完全沒有刀切痕跡的戰國小當家。不只如此，聽到風聲的家康有次就要求藤孝料理鯉魚請大家吃，結果有個白目想說「你切魚沒傷到紙是有什麼了不起，還不就力氣放小點而已」，就故意在魚裡偷插了鐵籤想要讓藤孝出糗。藤孝把魚拿來準備要剁，大家想說菜刀一定會砍到鐵籤冒出火花，說不定菜刀還會砍壞「哈哈哈你看看你」這樣。結果藤孝料理時察覺到刀尖碰到魚裡鐵籤的手感，立刻手起刀落，鐵籤和鯉魚還有砧板就一起被藤孝一刀兩斷。

根本料理界的劍聖傳說啊。

藤孝的鯉魚傳說還不只這樣。某貴人有次要藤孝作淡水鱸魚來吃，結果藤孝用海水鱸的作法完成料理。貴人看了當然要趁機給藤孝「落稜角」一下，就笑說「藤孝你平常那麼強調手法要講究，結果你還不是隨便弄弄」。結果藤孝很認真的回答：

「這隻鱸魚是六條河原院的鹹水池塩釜的，所以當然用海水鱸的作法」。

是的。細川家就是這麼一個天龍的家系。而細川藤孝雖然「食通」到讓人覺得假掰，不過細川家到了藤孝的時代早就已經是家道中落、還得靠藤孝離開將軍家幫信長打工才得以重新翻身的狀況。不過，細川勝元可不一樣，權傾天下但假掰程度過之而無不及。這位攪動時勢的大人物某日請了一群貴人吃飯，同樣是吃鯉魚。吃完之後大家紛紛稱讚好吃，結果勝元竟然起屁臉說：

「什麼好吃而已，這可是天下第一的淀川鯉魚。你看看，一般鯉魚肉如果醃過酒，大概夾個一兩次湯汁就會濁了，可是淀川的鯉魚就不會。所以這隻鯉魚正是從淀川來的鯉魚，當客人的吃到這種幻之食材是都不用稱讚的逆。」

是的。這就是當代第一奢侈家、室町天龍人細川勝元的帥氣故事。就在這些追求風雅但是只想到自己的大人們推波助瀾下，日本再一次進入了社會階級重整期。諷刺的是，重整結果就是原本這些天龍人看不起的足輕土民們爬到自己的頭上，而這些天龍人或沒落式微，或是淪落到只能幫這些土豪們打工。然而就日本文化史來看，這卻是另一次光芒四射時期的開始。

三、從信長到秀吉，「鄉下人」的京都美麗與哀愁

因為剛才提到料理，所以我們順便來提個有關織田信長的故事。足利家最後算是終結在信長這個戰國魔王的手裡。足利義昭這個末代將軍本來是個流浪的貴人，是因為在京都幹掉義昭的哥哥、劍豪將軍足利義輝的三好眾，被信長用武力趕走，義昭才得以進京。但是這位其實才幹還不錯、只是生不逢時的將軍後來不甘只作信長的橡皮圖章，而和信長對幹了起來。這位一度用縱橫謀略把信長逼入絕境的將軍，最後仍難敵時代的風潮而被信長趕出了京都。

信長驅逐足利義昭時，也消滅了三好家在近畿的殘存勢力。當時效命三好家、名為坪內的料理人因為手藝高超，而被信長赦免，條件是要作套京都料理來給信長嘗嘗。結果使出渾身解數的坪內，作出來的料理卻被信長大罵：

「什麼東西，這種淡而無味的東西是要怎麼吃！」

面對生命危險，坪內只好再三乞求信長再給一次機會，如果不好吃再取自己性命。信長勉強答應後，第二天坪內再次送上料理。結果這次信長吃了大加讚賞，稱許坪內不愧是京料理達人而放過了他。後來信長過世後，有人問坪內當時到底用了什麼魔法，怎麼能讓信長在第二天的反應截然不同。

「還不簡單。第一天我作的是道地的京料理，結果信長這個鄉下人根本不懂吃。所以我第二天就作重鹹的鄉下風調味，他就吃得津津有味了」。

這個記載於江戶時代《常山紀談》裡的故事，真偽與否當然很值得討論。但是這個故事背後傳達的意義才是我們該注意的地方。

就是京都人根本把信長當成是鄉下人。

織田家出身於尾張地方，也就是今天的愛知縣。雖然從名古屋坐新幹線到京都只要三十多分鐘，距離也只有一百三十多公里，但是對王城的居民來講，那已經是如假包換的鄉下地方。再加上信長的出身家族根本是當地守護大名的代理，織田家的旁系，而這個織田家一下又自稱本姓藤原一下又自稱本姓平氏，也有人說他們是來自越前（今天的福井縣）的織田劍神社神官一族，所以家紋的織田木瓜才會和以素盞嗚尊為主神的劍神社神紋一模一樣，和京都的名社八坂神社的神紋也極為類似。總之，就是織田家也是個「來歷不明」的家族。所以重視歷史和身分的京都人，雖然得臣伏於信長的威勢之下，但是打從心裡看不起這個鄉下人。

那麼秀吉這個出身足輕的昔日信長部將更不用說了。這位不要說出身部族、就連他本人來歷都非常可疑的英雄，在信長手下用各種忍辱負重和「無可救藥的樂天主義」風格出人頭地，最後又遇上了主公突然死在本能寺的「幸運」而橫空出世。這位天下人用自己陽光而開朗的形象，讓世人忘記了他其實運用了極為殘忍的手段，荼毒提拔自己的信長之後代。也因為他從一無所有到獨擁天下的神奇夢幻路程，讓他至今仍然成為許多日本人的嚮往對象。但是他知道，重視血統和傳統的日本、尤其是京都這個地方的住民們，從來沒有忘記他原本是個卑微的下人。他沒有讓人追隨的高貴出身，也不像其他武將有成群的子嗣來壯大自己羽翼，所以只能領導兄弟姐妹小孩和自己培養親兵。秀吉知道在日本的血統信仰前，他的個人魅力是不足以讓所有人永遠跟著他的。所以，他找到了另外一種魔力。

錢。

如果和後來的德川家康相比，秀吉的直屬領地小了很多。但是主要的金山、銀山和貿易港口全都在秀吉的控制之下。所以後來秀吉實施了許多次對大名、貴族的「金配り」，也就是發錢。著名的世界最大金幣「天正大判」，就是秀吉這種「金彈攻勢」下的產物。當時的日本黃金產量達到高峰，而掌握黃金產地的秀吉，也充分地利用了這個武器，除了最直接的發錢籠絡人心之外，也用錢來營造自己的豪勢威信和精通茶道等藝能的貴族形象，所以才有會著名的「黃金茶室」這種炫富產物。

但是這樣最多也只是讓秀吉更像土豪而已。

所以，秀吉進入京都這個從古代就代表日本上流階級文化的首都。因為當時已經擁有東亞第一城塞大坂城的秀吉，很清楚要掌握天下不只需要流行的當代趣味和兵力財力，更需要血統鍍金和京都文化的權威加持。於是，帶著自己用財產和權力收集來的各種茶道名器和黃金茶室組合屋，已經用錢買通藤原家、拿到人臣最高位「關白」的秀吉，在京都的北野天滿宮舉辦了號稱不分貴賤、大家都能來參觀並且親受秀吉點茶的「北野大茶湯」。這場集合了當代所有茶道名人和名器的空前盛會，原本預計舉辦十天，結果盛大開幕一天後就臨時取消了。有人說是因為來了一堆人，結果讓秀吉泡茶泡到假死所以翻臉不辦了；也有人說是京都人對於鄉下人秀吉的炫富活動反應冷淡，所以秀吉起屁臉取消了。無論如何，之後秀吉就待在京都自己所營造的聚樂第裡，作為「朝臣」、也就是貴族的一員運作國政。

後來的發展大家就很清楚了。隨著權力達到頂峰而無人能擋的境界，秀吉變得不可理喻而固執，過去的理智與善於採納建言的優點開始消失。於是，名為「唐入り」的遠征行動開始。這場遠征的真正目的是以打入大明為目標，但後來的主戰場卻在朝鮮半島，最終宣告失敗，大大地削減了豐臣政權的元氣。而隨著年華老去和老來得子的豐臣秀賴誕生，秀吉一方面感受到自己在世時間已經不長，一方面又害怕自己死後幼子的將來，這個過去形象開朗而親民、出身中下階層的草根英雄變得猜疑而暴怒，在達成統一日本的偉業之後，卻又經歷了不成功的對外戰爭，最後在自我失去控制的極端膨脹之下，秀吉甚至作出了凶殘舉動，殺死自己親外甥，也就是原來想讓他作為繼承人的豐臣秀次一家男女老幼。此外，已經隱居在京都市郊伏見城的秀吉，甚至摧毀了整個自己打造的京都據點——聚樂第，只為了不讓後世留下一絲一毫有關外甥秀次的存在。

那個曾經渾身土氣、永遠可以將快樂氣息傳染給身邊眾人的天才武將，變成了手掌天下生殺大權、卻只剩下偏執和孤獨的蒼老天下人。從擁抱大眾、樂於展現自我的北野大茶湯，到晚年秀吉最後的盛會「醍醐の花見」，正好是日本史上絕無僅有的出人頭地傳奇，秀吉心態上的最佳寫照。

這個創建於平安時代的古寺歷經了多年的荒廢，直到秀吉發現了它的美景和莊嚴之處。或許是受到自己景仰的真言宗高僧木食應其影響，秀吉重修了歷史悠久卻長年被人遺忘的醍醐寺。這次盛大的賞花活動算是英雄秀吉最後的盛會，許多大名都一起參與活動的策劃和準備，秀吉也帶了自己大奧的一千多名女眾一起參加。當天，光是秀吉至親幾個人所花的治裝費，以今天的價值來算就高達數十億日幣。但是這個壯大的賞花慶典，最後能進到醍醐寺陪同秀吉一起賞花的，就只有秀吉的五個妻妾和兒子秀賴，還有從尾張時代就交情深厚的前田利家夫婦。

這個不世出的英雄，拿到了天下，擁有了財富。但是豐臣秀吉這個尾張賤民出身的太閣，仍然一生孤獨。就像他被所有的大名團團包圍，被眾多的女眾簇擁於中心，仍然只能和妻兒及唯一的老友，在清幽的古寺櫻花林中，默默喝著櫻酒的傴僂身影一般。

四個月後，秀吉辭世。

數年之後，兒子秀賴和其母、也就是秀吉的側室淀君，與秀吉的象徵大坂城一起毀滅。世間成為德川家的天下，豐臣秀吉這個奇男子的傳奇和榮華，也隨之煙消雲散，獨留人們嘴裡傳頌的故事。只剩下京都裡的醍醐寺和方廣寺等地，可以稍微讓我們追憶這位從竄起到結束如同一首動人交響樂的天下人，和他留給後世的華美安土桃山風景。

四、家康・二條城裡矜持的霸王

秀吉就像一顆時代打造的彗星，突然放射出耀眼光芒地出現在京都，而隨著他的離世，也瞬間帶走了所有和他有關的色彩。

至於江戶幕府的創造者德川家康，除了是眾所皆知的「忍耐達人」和老謀深算老狐狸之外，其實他也代表了另一種和京都對等的價值。

家康應該不喜歡京都。因為不管是室町時代留下來的洗練靜寂數寄風格，或是信長秀吉代表的舶來品喜好和炫富大氣潮流，對家康這個三河（愛知縣東部）出身、比起近畿受了更多的東國武家文化影響的土豪國人眾而言，這些都是不重要的雕蟲小技。某種程度上而言，家康比信長和秀吉更像武士，而家康也的確愛讀鎌倉幕府的史書《吾妻鏡》，生涯把幕府將軍源賴朝當成效法景仰的對象。人生經歷了人質時代、面對名將武田信玄時的慘敗、秀吉後期對自己的明暗壓迫、甚至在自己的盟友兼兄貴強迫之下讓自己長子切腹的苦痛，對家康來講，為了達到成為天下人的目的，除了忍耐和實力之外，任何的自我誇示都是不必要的做作假惺惺。所以，除非必要，家康一直和京都保持距離。這種理念也被江戶幕府繼承了約三百年的歲月。所以在德川家的治世，雖然政治的舞台要一直等到幕末風起雲湧時，才重新回到王城，但是京都在江戶時代卻也因此沒有受到幕府太大的制約，得以有獨特的文化發展空間。

有個把家康性格表現無遺的小故事。相較於豪放大氣的秀吉，家康的龜毛小氣天下聞名。家康的內褲都穿淡黃色的，因為這樣如果穿髒了、染到黃斑比較不明顯，這樣就可以穿比較久不必再買。還有某次如廁用的草紙被風吹走，結果家康以天下人之尊竟然認真地一張一張去撿回來。家臣們當然規勸家康說，這樣如果傳出去的話會被嘲笑，不過家康的回答更是經典。

「混帳東西。我要不是這樣的話怎麼拿得到天下？！」

是的。家康就是這樣的人物。不過，如果只是單純的守財奴，那家康也沒有機會拿下天下。在對外時，如有必要家康絕不手軟，例如決定天下趨勢的關原大戰時，家康就借了鉅額資金給其他大名周轉。在幫他人爭取權益時，家康甚至會犧牲自己利益來遵守之前答應人家的諾言。也因為這樣，「內府の律儀」（內府是家康的官位，律儀為「正直而守信」之意）才會成為一般對家康的風評。這也是在日後德川對豐臣的權力移轉時，讓過去豐臣家的舊將們相信家康不會對秀吉的遺子豐臣秀賴不利，使得關原大戰時多數舊豐臣系統武將因為討厭石田三成，而投靠昔日秀吉對手家康的魔法。

當然，家康後來背叛了這種期待。這也是他日後除了「神君」美稱之外，還背負了數百年「老狸」惡名的最大原因。

在台灣的戰國迷很多，所以很多人知道德川家本姓松平。松平家號稱是來自於南北朝時代源氏大將新田義貞的家系，但其實大家都知道這是很牽強的鬼扯。因為硬把德川家和源氏拉上關係，才可以加強德川組織幕府的正當性。不過和「德川」這個姓的可疑來源相比，德川家自三河時代就使用的三葵紋家紋，反而相對歷史悠久、可以代表德川家。只要看看這個葵紋和上賀茂神社的二葉葵的相似性，就知道為什麼會有德川家其實起源自賀茂氏的說法。

……雖然說不定這個家紋也是不知道從哪裡弄來的。因為也有人說連這個葵紋都是松平家草莽崛起之後，才從家臣那邊借用過來的。

可見雖然家康出生時雖然已經是具有小小規模的地方土豪繼承人，可是如果說起源頭，德川家的「氏素姓」，也就是家族起源的可疑度絕對沒有輸給秀吉多少。不過，秀吉和家康兩人發展出來的個性完全不同，這其實取決於一個最大的關鍵。那就是再怎麼樣秀吉也只是信長手下的「員工」，而家康雖然一開始規模小到搞笑而且還得被其他大公司輪流修理，但再怎麼樣也還是個獨立公司的「老闆」。簡單講就好像大公司的採購和下包廠商老闆間的關係。秀吉再怎麼樣，背後也是織田家這個新興財團在當招牌，所以他可以大開大闔，最重要的是要有表現，才不會被個性不是很好的頭家給辭頭路。而家康雖然找到了織田家這個充滿希望的配合廠商，但是畢竟只是個小本經營而且之前還被自己員工倒過帳的地方小公司，所以會有這種龜毛個性好像也無可厚非。

不過在秀吉過世、家康擁有全日本最大勢力的時候，「天下」這個詞開始具體出現在家康眼前。再怎麼以農本主義為基礎、再怎麼樣不屑碰茶道、能樂，甚至造園造景這些風花雪月，土豪出身的家康都必須開始讓天下萬民覺得「德川家就是高貴、就是和我們不一樣」了。前面提到的改姓就是為了這個。而在京都的二條城，也是為了這個目的而建立的巨大權力展示機構。這個完全違反平日家康儉約哲學、以「城」為名的巨大貴人住居式御殿建築，內部主要包含接待御使的「敕使之間」、舉行重大儀式和將軍與眾大名會面的「大廣間」、將軍私下會面的「黑書院」及將軍個人居處的「白書院」，不管是壯觀的外表或是融合當代著名藝術家作品的華麗內部裝潢，對政權重心在江戶的德川幕府而言，其實向天下宣示的意味遠大於其實際帶來的功能。

要了解二條城真正的意義，我們需要再來看看一個《慶長見聞集》的故事。

那是在家康勉強接受秀吉安排、離開父祖之地三河而轉封當時還是一個小小寒村江戶時的故事。在家康入府不久的當時，建設中的江戶還百廢待舉，絲毫沒有後來「將軍腳下」的氣派和格局。當時在江戶住了個身分低微的老人叫金六，每次只要家康要到城內上班，金六就會在跪在沿路的路邊，等著向家康恭敬地致意。久而久之，家康也認得了這個傢伙，於是每次經過時他總是會打開轎子窗戶，微笑地叫這個老人名字、向他打招呼。而金六受到這樣的鼓舞，後來就自動走在家康出勤的行列前，沿路大喊「大人到了，大家趕快出來致敬啊！」

初到江戶不久的家康，親切地和平民打招呼，為的當然是營造他親民的形象。而金六後來走在家康行列前作威作福、要大家看到家康就下跪伏首，也還真的營造出家康身分高貴的形象。所以家康也刻意不阻止金六。久而久之，江戶居民們就有了好像金六來頭也不簡單的錯覺，甚至有謠言說金六其實是家康從三河帶來的同鄉，所以才有這種家康跟他打招呼的特別待遇。金六開始中二了起來，有人打架時他會跑出來仲裁要大家住手，大罵雙方「你們知道我是誰嗎」，然後晚上自動地開始巡查市鎮，好像自己真的是個官一樣。江戶百姓們當然肚爛了起來，為這個狐假虎威的金六取了一個外號叫「沒用的金六」，希望這個閒人老頭早早死掉、卻又不敢對他怎樣。後來家康知道了這件事，但每天早上仍然對著跪在路邊的金六打開窗戶，微笑地叫著他的名字。

很簡單。家康當然知道金六在狐假虎威，但是他不制止這個平民作威作福的理由，就是因為金六的存在讓家康知道自己的「虎威」已經被打造出來了。當時雖然家康已經是統領關東的一方之霸，但是在名義上仍然是豐臣秀吉的部下。就因為這樣，金六這種小丑的舉動，正好幫家康營造了他最需要的「權威」。這就是德川家康，一個政治計算精密到冷酷的英雄。但是話講回來，就因為「沒用的金六」故事裡家康所呈現的這種親和力和幽默感，也讓從戰國時代就跟著他歷盡苦難、號稱「忠實如犬」的三河武士們，可以死心塌地地為家康效忠，甚至獻出生命。

或許二條城這個裝飾性的權力機關，就是家康設在京都的「沒用的金六」吧。

但是面對家康這個來自關東的霸王，京都仍然保持了她作為千年古都的神秘威信和宿命效用。德川幕府的權力重心一直都在東都江戶，但是關鍵時刻的舞台卻一直都在京都的二條城。德川幕府的起始，就源自於家康在二條城接受來自天皇的征夷大將軍任命宣下。而德川第三代將軍家光也在這裡招待後水尾天皇的臨幸，用「我可是出生就是將軍」這句名言，確立了德川家遠高於其他大名地位的絕對權力。的確，就算是神君德川家康，他和二代將軍都和其他大名經歷過同樣臣服於織田信長、豐臣秀吉底下的年代。從家光時代開始，德川家開始真正和其他大名不一樣了。但是在家光之後，德川將軍在兩百多年間不曾到訪二條城。再次到訪二條城的幕府將軍，是幕末的「最後的將軍」德川慶喜，他在二條城宣佈大政奉還，也就是把朝政交回給朝廷。持續二百六十四年的江戶幕府，在二條城開始，在二條城滅亡。

最後，家康和老朋友兼宿敵的豐臣秀吉一樣，用來自平民、來自鄉間的生命力挑戰京都這個日本的核心，也一度讓京都在自己的腳下稱臣。但是最後這兩位呼風喚雨的英傑，仍然無法抗衡京都的神秘魔力。今天，德川家早已成為過去，豐臣家更是灰飛煙滅。但是那個只有文化而看來羸弱的京都，在失去了實質首都地位之後，卻仍然屹立不搖，向世人誇耀著她深不可測的美麗。

五、戰國英雄們的文化人類學巡檢——龍安寺、醍醐寺、二條城

文化人細川勝元所創立的龍安寺，原本有二十三個塔頭（寺院裡的小分院），現存的則是西源院、大珠院和靈光院三個地方，其中可以參觀的是西源院，裡面的精進料理「七草湯豆腐」是用味覺體驗京都之美的極佳推薦。從山門

進入後就可以看到以鏡容池為中心的池泉回遊式庭園，傳說中的真田幸村墓所也在這裡。來到龍安寺，最重要的就是一定要看看這裡的重要文化資產「方丈庭園」。這個傳說中由細川勝元設計的石庭又稱「七五三之庭」，是由十五座假山石構成的石庭，據說不管從哪個方位都沒有辦法一次看到所有的石頭。相傳是因為「十五」在佛教中代表完美的數字，這種配置正好反應出了人生不可能完美的本質。但是這個借景背後山林、在賞楓季時近乎絕景的枯山水石庭真意，至今仍然沒有一個完整的答案。

或許這也是禪意的本質吧。

除了細川勝元的龍安寺外，西軍首腦山名宗全，也用戰爭這種方法在無意間為京都留下了西陣織這種無形財產。在今天的西陣織會館，不但可以參觀到西陣織的製作過程和種類介紹，還可以實際穿著體驗過去的十二單禮服。今天我們看到這種多重穿搭，可能會覺得過去的京都貴族生活得很辛苦。但是這種複雜的穿著方式其實有個簡單的理由，就是「冷」。只要看看貴族住居的樣式「寢殿造」就知道，柱子間沒有牆壁相隔的高地板式建築是為了應付夏天京都盆地的酷熱，但是冬天時這種建築就得面對冷風、甚至飛雪的侵襲。再加上京都特有的「底冷え」[2]效應，讓貴族女性越穿越多，於是形成了這種穿著風格。

祭拜學問之神菅原道真的北野天滿宮，也是豐臣秀吉舉行北野大茶湯的地點。在這個著名的賞梅景點旁，就是知名度不高、但是京都市區內最古老建築物的大報恩寺。大報恩寺除了寶物館裡不遜色於任何著名名勝的國寶級收藏外，最引人入勝的就是本堂內柱子上號稱應仁之亂時留下的刀槍痕跡。另外這裡的阿龜傳說也相當有趣，這位日本傳說中的旺夫代表，在老公接下大報恩寺的木工工作卻因為計算錯誤而不知如何收尾的情況下，提出最佳建議讓老公克服難關而讓大報恩寺順利落成。但阿龜卻為了不想讓世人說老公是靠自己才得以成功，就在落成之後自殺了。先不管這種父權到爆表的傳說正不正確，值得一提的是，這個阿龜傳說其實來自於能面中的女性面具，後來延伸成「胖胖的醜女其實才是有福氣」的民俗，所以又有另外一個名字叫「多福」，甚至還成了日本著名醬汁廠牌的商標。而大報恩寺裡收藏了許多阿龜、多福木像或面具，甚至因為「有福氣」這種俗信，所以收藏品裡還有騎著男生性器官的阿龜，因為「多子多福氣」。而現在京都的建築業者在舉行「上棟式」祭拜時，還留有獻給神明的御幣上綁著阿龜面具的習慣。

走完應仁之亂的相關地，回到秀吉人生最後盛會的場所醍醐寺。不同於二條城作為一個人造的權力機構，醍醐寺其實早在受秀吉青睞而再興之前，就是真言宗修驗道者的修行盛地。所以想當然耳，醍醐寺除了傳說中由秀吉親自設計的庭園之外，更珍藏了許多國寶級的佛像及書畫收藏。這裡除了有弘法大師空海的真跡之外，還藏有足利尊氏親手抄寫的佛經原本。另外，這裡還藏有後奈良天皇的「宸翰」。所謂宸翰就是天皇的手書，而後奈良就是

2　內陸型盆地地形特有的氣候特徵，冬季時冷空氣在盆地底部下沉，使得寒氣由腳底竄上，使得體感溫度特別刺骨。

方才提到因為皇室沒錢而得賣字貼補家用的天皇。醍醐寺除了是密教美術的寶庫，境內的京都府內現存歷史最古（如果單指京都市內的話，最古的則是法觀寺的八坂之塔）、超過千年的五重塔更是絕景，雖然得等到特別公開時才得以一窺其勝，但是五重塔內部牆壁和心柱上的「兩界曼荼羅圖」，更是醍醐寺的至寶。而到了今天，還留有秀吉痕跡的就是迎接天皇的敕使門「三寶院唐門」了。在三寶院唐門上兩邊刻著皇室菊紋，正門上打的卻是豐臣家的五七桐紋。這種打開門時看不見、但是平日關門時卻是豐臣家紋排開而皇室菊紋在中間的設計，就是秀吉對自己絕大權勢的誇示手法。每年四月的第二個星期日，在醍醐寺舉行的重現豐臣秀吉醍醐寺賞櫻「豐太閤花見行列」祭典，就是從國寶三寶院唐門開始出發。在離開醍醐寺之後，不妨也前往伏見的明治天皇陵和伏見城的模擬天守參觀。這個重現秀吉晚年居城的新建城堡雖然因為沒能通過新的耐震標準而無法入內參觀，但是多多少少還能讓我們看到一點安土桃山時代的遺韻。

二條城這個德川家在京都的權力展示中心，雖然名為「城」，外觀卻是當時的貴人豪宅風格。但比起外觀，更重要的是裡面的障壁畫。光是二之丸御殿裡三千張的障壁畫中，就有九百五十四張被指定為重要文化財。這些障壁畫全都完成自安土桃山時代的代表繪師狩野派門人之手，二之丸御殿從入口的「車寄」到將軍迎接敕使的「遠侍之間」，通過連結的「式台」再到重要會議舉行處、也就是德川將軍和全國大名按照大小、輩分排名齊坐的「大廣間」，再通過「蘇鐵之間」到德川慶喜宣佈大政奉還的「黑書院」，最後進入將軍個人住居的「白書院」，充滿格式美和重視階級威嚴的設計，都不斷提醒我們這座造型豪奢但閒置兩百多年的建築，就是德川家在京都的權威圖騰。二條城在明治維新後一度交回給朝廷，而在德川幕府解體不久的當時，德川家的三葉葵家紋成為了一種反動的象徵。於是二條城裡外的金碧輝煌葵紋裝飾，迅速被職人們改造成了皇室的十六菊紋。但是百密仍有一疏，至今二條城仍然有許多葵紋和菊紋並列共存的有趣角落，也成為了見證歷史的奇妙風景。

最後，可以到方廣寺這個有時連京都計程車司機都不太知道的景點，見證豐臣和德川恩仇的最後終焉。這個真言宗寺院是過去豐臣秀吉建立大佛之處，也是以豐臣秀吉為主神的豐國神社所在地。大佛早已在秀吉還在世時就因地震倒塌，地震中倖免於難的秀吉據說立刻騎馬到方廣寺，對著倒下的大佛眉心就是一箭射去還破口大罵：

「你身為大佛不能保護國家也就算了，連你自己都倒下了是成什麼樣子！」

這就是英雄的氣魄。

但是這位氣吞山河的英雄仍然敵不過歲月這個敵人。秀吉死後豐臣家被德川家百般挑撥兼找麻煩，最後居然以迴向秀吉所鑄的大鐘上銅銘「君臣豐樂　國家安康」是刻意祝福豐臣、故意把家康的名字分開作為詛咒為由，由德川家向豐臣家發起了滅族的戰爭。戰爭的結果，是秀吉唯一的妻兒死在被大火燒盡的、秀吉一生心血的大坂城裡。

某年的新曆除夕。我和老婆在京都準備跨年，而老婆想要體驗一下日本過年的除夜之鐘。當然，以巨大銅鐘和豪放的撞鐘儀式著名的知恩院等景點，早就已經人滿為患到恐怖的程度，別說撞到鐘了，說不定連在一百零八聲鐘聲撞完前看到鐘都有問題。於是在一番調查尋找之後，突然找到了間在京都博物館後方、名為方廣寺的寺院，似乎沒什麼人知道所以有機會親手撞到除夜之鐘。畢竟京都的寺社多不勝數，我也不可能記住所有看過資料的景點。所以也沒有多想，晚上我們就到了這間真言宗的小寺院。

到了境內，才發現原來京都也有和大阪城內一樣的豐國神社。大阪算是秀吉的老巢而大阪城更是其政權根據地，所以有豐國神社殘存不足為奇。但是京都經歷了德川三百年還能留著秀吉的神社，當時的確讓我嘖嘖稱奇。

時間到了要過午夜的十一點多，果然這個不出名的景點大概只排了幾百人的行列。畢竟帶著過年的喜氣，寺方也體貼地提供甘酒，在微暗的方廣寺境內，大家或是聊天或是忙著拍照甚至攝影，一片和樂融融的光景。終於過了十二點，由寺方敲響第一聲鐘聲後，大家依序準備拉繩敲鐘。就在等候之際，這才發現燈光照射下，這個大鐘上面很明顯地用白線畫了兩個方格。再仔細一看，這兩個方格裡各有一行文字。

「君臣豐樂．國家安康」

這才讓我想起方廣寺這個曾經出現在家康傳記中的地名。也才想起這個害豐臣家滅亡的巨鐘，是和知恩院、東大寺並列其名的「日本三大梵鐘」之一。

豐臣家不在了。而消滅豐臣的德川家也早已退出歷史舞台。來敲鐘的多是家人或是情侶組，大家都是興高采烈地一起用力拉繩、想要在一年的開始就敲出響亮的好兆頭。或許眼前這片所有人都開開心心的光景，就是真正的「君臣豐樂．國家安康」吧。後來輪到了我們，在僧侶的指導下我們和不認識的朋友一起用力敲出了屬於我們自己的除夜鐘聲。

或許數百年前秀吉和家康，也曾在京都聽到過的同樣鐘聲。

後記

我很喜歡京都，到訪這個古都超過六十次以上。

正因為喜歡，所以我知道看再多的「真正京都人性格」或是「京都人不告訴你的事」，我永遠都不會真正完全了解這個城市。更何況是一本書的幾萬字，更是不可能完整描繪出京都的全貌。或許，用一生的時間用再多的文字，都不可能。

我想寫的，就是我所看見、我眼裡所見的這個日本千年首都的風景。

在這個資訊爆炸、打開電腦和手機，就可以找到無限多的京都美食住宿、甚至私房景點的年代，有時會看到一些台灣朋友整理京都相關資訊到鉅細靡遺，詳細到讓人懷疑他是不是收了京都人的錢，所以才發業配文。過去我們在學習民俗學時，老師教我們的卡片式田調方法，跟現在的年輕人拿起手機「估狗」出來的情報相比，簡直可以說是愚蠢。甚至我在京都的日本朋友，某日一起吃飯時，還笑著對我說：「現在很多台灣人根本比我們還要熟京都」。

真的嗎？

連我老婆都可以在網路上寫部落格，告訴你「京都洗頭美容院心得整理」的年代，我們真的就已經完全理解這個平安時代以來的日本首都了嗎？

我相信還是有更多值得我們去理解探討的深層故事。所以這本書裡用十七個京都裡的世界文化遺產作引子，我真正要告訴讀者們的，就是這些藏在建築物、藏在國寶收藏背後的故事。這也是為什麼這本書的日文書名，我會命名為「京都をゆく」。就像我敬佩的日本作家司馬遼太郎作品一樣，之前的《表裏日本》日文書名之所以會叫「日本のかたち」，就是因為司馬的日本論經典名為《この国のかたち》。身為日本人的司馬，用「這個國家」為名，嘗試要客觀檢視自己的國家。《表裏日本》的成書目的，就是為了用台灣人的角度來觀察日本這個國家，所以我用了這個書名。深入了解日本，同時也深化屬於台灣人自己的日本觀。

司馬的另一部經典作品就是《街道をゆく》。這部以紀行文方式記述各地歷史、風俗的系列巨著，其中許多論述和觀點，正和文化人類學的巡檢田野方式不謀而合。最重要的，是這個系列裡包括了司馬的台灣觀察巨著《台灣紀行》。因此，這本書的中文名稱《風雲京都》，是想傳達一種不一樣的京都觀，這個城市除了一般人熟知的風雅驕傲之外，其實也有無常和老獪的一面。而日文的「京都をゆく」，自然是向這位我無緣親炙的國民作家大師致敬，看我不爽的朋友們，倒是不必急著挑骨頭說：「連日文文法都錯了，蔡亦竹寫的內容有什麼好看」了。

國民作家。

身為一個在社會與學術間游走的大學教員來說，能把複雜艱深的文化要素用最簡潔易懂、卻又不失其原本精神地介紹給讀者大眾，是我一直追求的目標和理想。所以我也不斷在摸索，如何能夠與讀者分享過去自己所學習的日本文化知識，一方面又不讓分享知識的過程只流於自爽自HIGH的象牙塔自言自語。對許多學者而言，「國民作家」並不是什麼好詞。因為這代表媚俗、代表學術的退讓。但是對我而言，成為一個國民作家，讓這些知識不是永遠低溫冷藏在大學圖書館裡，而是讓更多的台灣人可以吸收、進而促進台日間的友好，是我對台灣和日本這兩個對我有恩的國家最好的報答方式。

因為這樣，所以，そうだ京都、行こう。

京都一直是台灣人極為熱愛的日本城市之一，所以要介紹更深更美的日本，京都絕對是最好的教材。寺社林立的京都裡，以「古都的文化財」為名的十七座世界文化遺產，更是其中最好的代表。但是京都一千多年的歷史，不可能用這些景點就可以說得清楚。也因為這些文化遺產的特性，所以這次書中較少提到幕末這個京都風起雲湧的時代，算是我個人的小小缺憾。

講日本，說日本，日本說不盡。京都，同樣也是。

日本佛教宗派簡表

時代	宗派		宗祖	總本山	隸屬該宗派（與該宗派有關）的京都文化遺產
飛鳥 奈良	南都六宗	三論宗	高麗僧慧灌	奈良元興寺	
		成實宗	由三論宗分離出來（小乘空宗）		
		法相宗（唯識宗）	道昭（南寺傳） 玄昉（北寺傳）	奈良興福寺	清水寺
		俱舍宗	由法相宗分離出來（小乘有宗）		
		華嚴宗	審祥	奈良大安寺	
		律宗	鑑真	奈良唐昭提寺	
平安		天台宗（天台法華宗）	最澄（傳教大師）	比叡山延曆寺	比叡山延曆寺
		真言宗（真言密教）	空海（弘法大師）	高野山 金剛峰寺	東寺 仁和寺 高山寺 醍醐寺

鎌倉	淨土系	淨土宗	法然(源空)	京都知恩院	
		淨土真宗(一向宗)	親鸞	京都本願寺	西本願寺
		真言律宗	叡尊	奈良西大寺	
		日蓮宗	日蓮	山梨身延山久遠寺	
	禪宗	臨濟宗	榮西	京都建仁寺	天龍寺 銀閣寺 金閣寺 龍安寺 西芳寺
		曹洞宗	道元	福井永平寺	
江戶		黃檗宗	隱元	京都萬福寺	

製表參考資料：

1. 黃國煜，《圖解世界宗教》，好讀出版社。
2. 米原有二，《世界遺産のツボを歩く京都本》，京阪神エルマガジン社。

参考書目

山折哲雄，《京都の505寺社を歩く》，PHP，2007。
所功，《京都の三大祭》，角川書店，2015。
三浦俊良，《東寺の謎》，祥伝社，2014。
河原書店編集部，《世界文化遺産手帳》，河原書店，2011。
米原有二，《世界遺産のツボを歩く京都本》，京阪神エルマガジン社，2012。
歴史探訪研究會，《京都歴史地図帖》，小学館クリエイティブ，2015。
濱田信義，《日本の漫画　図像》，PIE BOOKS，2016。
末木文美士，《日本佛教史》，新潮社，2014。
岡谷繁實，《名将言行録》，岩波新書，1997。
高橋昌明，《京都〈千年の都〉の歴史》，岩波新書，2014。
樋口清之，《うめぼし博士の逆·日本史⑶》，祥伝社，1987。
岡倉天心，《茶之本》，講談社学術文庫，2016。
鈴木昭一（譯），《塵塚物語》，教育社，1980。

森茂曉，《太平記の群像　南北朝を駆け抜けた人々》，角川ソフィア文庫，2013。
森茂曉，《足利尊氏》，角川選書，2017。
梅原猛，《最澄と空海――日本人の心のふるさと――》，小学館，2005。
加藤精一，《弘法大師空海論考》，春秋社，2006。
宮坂宥勝，《沙門空海》，筑摩書房，1993。
司馬遼太郎，《この国のはじまりについて―司馬遼太郎対話選集〈1〉》，文春文庫，2006。
司馬遼太郎，《余話として》，文藝春秋，1979。
司馬遼太郎，《この国のかたち》，文藝春秋，1997。
司馬遼太郎、ドナルド・キーン，《日本人と日本文化》，中央公論新社，1972。
山本七平，《日本的革命の哲学》，PHP，2008。
中島久萬吉，《政界財界五十年》，大日本雄弁会講談社，1951。
井澤元彦，《逆説の日本史⑿》，小学館，2008。

國家圖書館出版品預行編目 (CIP) 資料

風雲京都：京都世界遺產的文化人類學巡檢 / 蔡亦竹
著．— 初版．— 新北市：遠足文化, 2017.05
276 面；15x21 公分 . -- (浮世繪；27)
ISBN 978-986-94704-0-7 (平裝)
1.CST: 人文地理 2.CST: 文化遺產
3.CST: 日本京都市

731.752185 106005462

浮世繪 27

風雲京都

京都世界遺產的文化人類學巡檢

作者——— 蔡亦竹
封面題字— 曾山尚幸
插畫——— 氰酸鉀
副總編輯— 賴譽夫
資深主編— 賴虹伶
編輯——— 郭昕詠、徐昉驊、陳柔君
行銷總監— 陳雅雯
行銷企劃— 張偉豪
封面設計— 霧室
排版——— 簡單瑛設

出版 ——— 遠足文化事業股份有限公司
發行——— 遠足文化事業股份有限公司（讀書共和國出版集團）
地址——— 231 新北市新店區民權路 108 之 2 號 9 樓
郵撥帳號— 19504465 遠足文化事業股份有限公司
電話——— (02) 2218-1417
信箱——— service@bookrep.com.tw

法律顧問— 華洋法律事務所 蘇文生律師
印製——— 呈靖彩藝有限公司
出版日期— 2017 年 05 月 初版一刷
2024 年 02 月 初版五刷

定價——— 399 元
ISBN—— 978-986-94704-0-7（紙本）
書號——— 0WUK0027